Sigrid-Maria Größing

99 Fragen zu Kaiserin Sisi

Sigrid-Maria Größing

99 FRAGEN

ZU

KAISERIN SISI

ueberreuter

Meinem Mann gewidmet.

1. Auflage 2015

ISBN 978-3-8000-7626-0

Covergestaltung: BoutiqueBrutal.com
Coverbild: © k.A. / Imagno / picturedesk.com
Satz: Strobl, Satz·Grafik·Design, Neunkirchen
Druck und Bindung: Druckerei Theiss, St. Stefan im Lavanttal

www.ueberreuter-sachbuch.at

Inhalt

WARUM 99 FRAGEN ZU SISI? 9

SISI – DER STAR DER WITTELSBACHER FAMILIE AUS POSSENHOFEN 11

1. Wer war Sisis ausgeflippter Großvater? 11
2. Wer waren die »hohen Verwandten« Sisis? 12
3. Wie war Sisi mit dem Stiefsohn Napoleons verwandt? 14
4. Warum wurde Sisis Lieblingstante Kaiserin in Wien? 15
5. War Sisis Vater ein Lebemann? 17
6. Wer war Sisis Mutter? 18
7. Wie kam Sisi zu einer protestantischen Taufpatin? 20
8. Wo zeigten sich Sisis bayerische Wurzeln? 21
9. Stritt Sisi mit ihrer Schwester Nene um den Bräutigam? 22
10. Wer war Sisis skurrilster Bruder? 24
11. Wieso war Sisi mit einer Schauspielerin verschwägert? 25
12. Kannte Sisi Lola Montez, die Mätresse ihres Onkels? 26
13. Wer war Sisis »Gackel«? 28
14. Wie lernte Sisi ihre Schwägerin Maria Josepha kennen? 29
15. Kannte Sisi ihren königlichen Großvater? 30
16. Wie kam Sisis Schwester Marie zum Titel einer »Heldin von Gaeta«? 32
17. Warum platzte die Hochzeit von Sisis Schwester Sophie mit König Ludwig II.? 33
18. Wie war Sisis Verhältnis zu ihrem königlichen Cousin? 34

SISI – EINE WITTELSBACHER HERZOGIN AUF ÖSTERREICHS THRON 36

19. Kann man sich eine »Kaiserin Lisi« vorstellen? 36
20. War Sisi eine glückliche Braut? 37
21. Brachte Sisi viel Geld in die Ehe? 38
22. War Sisi reif für die Ehe? 40
23. Wie empfand Sisi ihre Hochzeit in Wien? 42
24. Wie verlebte Sisi die Flitterwochen? 44
25. Kam Sisi mit dem Spanischen Hofzeremoniell zurecht? 45
26. Welche Folgen hatte Sisis Heirat für die bayerische Königsfamilie? 46

SISI – DIE BEGEHRENSWERTE 49
27. War Sisi eine Stilikone? 49
28. Wer ist die Schönste im ganzen Land? 50
29. Empfand Sisi Kaiserin Eugénie als Rivalin? 51
30. Wer war der »schöne Gehenkte«? 53
31. War Bay Middleton Sisis Liebhaber? 54
32. Friedrich List Pacher von Theinburg – Kavalier nur für eine Faschingsnacht? 56
33. Entsprangen die erotischen Abenteuer Sisis bloß ihrer Fantasie? 57
34. Wäre Sisi ein Model des 21. Jahrhunderts gewesen? 59
35. War Kaiser Franz Joseph ein eifersüchtiger Ehemann? 60
36. War Sisi die große Liebe König Ludwigs II.? 62
37. Wie verhielt sich Sisi beim Tod des »Märchenkönigs«? 63

SISI – DIE FREUNDIN 65
38. Betrog der Kaiser seine »Engels-Sisi«? 65
39. Wusste Sisi von der langjährigen Beziehung ihres Mannes zu Anna Nahowski? 66
40. Wie war Sisis Verhältnis zu Katharina Schratt? 68
41. Wer war Sisis Vertraute? 69
42. Welche Stellung nahm Sisis Leibfriseuse ein? 71
43. Warum verstieß Sisi ihre Lieblingsnichte Marie Larisch? 72

SISI – DIE SPORTLICHE 74
44. War Sisi bewegungssüchtig? 74
45. War Sisi tätowiert? 75
46. Wie kam Sisi zum Fechten? 76
47. Konnte Sisi Rad fahren? 77
48. War Sisi eine begeisterte Turnerin? 78
49. Bestieg Sisi alle Berge rund um Ischl? 80
50. Woher kam Sisis Liebe zum Zirkus? 82
51. Wo erlitt Sisi einen schweren Reitunfall? 83
52. Warum beendete Sisi ihren Lieblingssport von einem Tag auf den anderen? 84

SISI – DIE REISENDE 86
53. Machte Sisi dem »Fliegenden Holländer« Konkurrenz? 86
54. Wie verhielt sich Sisi im Ausland? 87

55. Warum machte sich Sisi in der Normandie unbeliebt? 88
56. Was lockte Sisi auf die Britischen Inseln? 89
57. Warum konnten Sisi und die englische Königin Victoria einander nicht leiden? 91
58. Was suchte Sisi in einem irischen Männerkloster? 92
59. Wodurch verschlechterten sich die Beziehungen zwischen Sisi und ihrem Sohn Rudolf? 94
60. Womit erregte Sisi Aufsehen in Algier? 95

SISI – DIE DICHTERIN 97
61. War Sisi ein Sprachtalent? 97
62. Welche Rolle spielte Max Falk in Sisis Leben? 98
63. Wer war Sisis »Meister«? 100
64. Was verband Sisi mit der Dichterin Carmen Sylva? 101
65. War Sisi eine Bestsellerautorin? 103

SISI – DIE MUTTER UND GROSSMUTTER 105
66. Warum musste Sisis kleine Tochter Sophie sterben? 105
67. Was empfand Sisi für ihre Tochter Gisela? 106
68. Weshalb stellte Sisi ihrem Gatten ein Ultimatum? 108
69. Wieso liebte Sisi ihr »ungarisches Kind« mehr als die anderen? 109
70. Wie gestaltete sich Sisis Verhältnis zu ihrer Schwiegertochter? 111
71. Was wurde aus Sisis Enkelin Elisabeth? 114
72. Wie verhielt sich Sisi nach dem Tod ihres Sohnes? 116

SISI – DIE FREMDE IN DER KAISERFAMILIE 118
73. Verstand sich Sisi mit ihrer Schwiegermutter? 118
74. Was schrieb Erzherzogin Sophie in ihren Briefen über Sisi? 119
75. Schätzte Sisi ihre kaiserliche Verwandtschaft? 120
76. Wer war »Onkel Luzi Wuzi«? 121
77. Wie erlebte Sisi das Weihnachtsfest am Wiener Hof? 123

SISI – DIE KAISERIN 125
78. Hatte Sisi politische Ambitionen? 125
79. Wie sahen die Wiener ihre Kaiserin? 126
80. Welche Hoffnungen setzte das einfache Volk auf Sisi? 128
81. Kümmerte sich Sisi um Arme und Kranke? 129

82. Schätzte Sisi das Militär? 130
83. Wie hielt es Sisi mit der Religion? 132
84. War Sisi abergläubisch? 133

SISI – KRISEN AUF DEM WEG IN DEN TOD 136
85. Gab es Gründe für Sisis gesundheitliche Krisen? 136
86. Welche Speisen bevorzugte Sisi? 137
87. Litt Sisi an Essstörungen? 138
88. Welche Krankheiten plagten Sisi? 140
89. Wie kam Sisi mit dem Altern zurecht? 141
90. Wie wirkte die gealterte Sisi auf junge Menschen? 143
91. Wurde Sisi bewacht oder überwacht? 144
92. Lebte Sisi in ständiger Gefahr? 145
93. Woher wusste der Mörder Sisis von ihrer Anwesenheit in Genf? 147
94. Wie kam Sisi ums Leben? 149
95. In wessen Armen starb Sisi? 151
96. Wie nahm der Kaiser die Nachricht vom Tod Sisis auf? 153
97. Wohin ging Sisis letzte Reise? 154
98. War Sisi eine Frau von morgen in der Welt von gestern? 156
99. Warum konnte Sisi nicht glücklich werden? 157

AUSWAHLBIBLIOGRAFIE 159

Warum 99 Fragen zu Sisi?

Keine andere Frau im Hause Habsburg hat die Fantasie der Menschen derart in Bann geschlagen wie Elisabeth, die Gemahlin Kaiser Franz Josephs I. Unzählige Geschichten ranken sich um ihre Person, die Literatur über sie ist beinah unüberschaubar und Filmregisseure unterbreiten immer neue Pläne, im Film die »Wahrheit« über die Kaiserin darzustellen.

Bisher hat es aber nur einer geschafft, Sisi unsterblich auf der Kinoleinwand werden zu lassen – freilich eine Sisi nach der verklärenden Vorstellung von Ernst Marischka, wobei schon der Name verändert ist: Aus der historischen Sisi wurde im Film eine »Sissi«. Dabei ging der Regisseur von einem Klischee aus, das sich bis heute in der Vorstellung der Sisi-Fans gehalten hat. Die Sissi von Romy Schneider ist die Prinzessin und spätere Kaiserin in einem modernen Märchen, in dem auch der fesche Kaiser Franz Joseph seine Rolle perfekt und sympathisch spielt. Und da unsere nüchterne Welt an Märchen äußerst arm ist, finden die drei Filme über das Leben der Kaiserin jedes Jahr in allen Ländern dieser Erde, von China bis Mexiko und von Alaska bis Chile, ihre begeisterten Anhänger. In China drücken Teenager ihre Bewunderung für die schöne österreichische Kaiserin in der Person von Romy Schneider dadurch aus, indem sie sich »Sissi« als Zweitnamen zulegen. Dabei zeigen die Filme, deren Publikumswirksamkeit mit »The Sound of Music« zu vergleichen ist, bis zur letzten Minute nur die Lichtseiten im Leben der Kaiserin: Sie erscheint über Jahre hinweg als strahlend schöne Frau.

Kaum einer der Sissi-Bewunderer in der weiten Welt, der die Filme auch schon mehrmals gesehen hat, weiß, wie die Lebensgeschichte der Kaiserin weitergeht. Dem Kinobesucher, der von der Romantik, die auf der Leinwand vorgegaukelt wird, gefangen genommen ist, bleibt die tragische Weiterentwicklung ihres Lebens verborgen. Für alle ist und bleibt Sissi die wunderschöne Kaiserin in der Fantasie wahrscheinlich bis an ihr Lebensende. Niemand kann sich vorstellen, dass Elisabeth schon mit 36 Jahren das erste Mal Großmutter geworden ist, dass ihr Gesicht sehr bald durch die ständigen Abmagerungskuren die Frische und Straffheit verloren hat, sodass die Kaiserin bei öffentlichen Auftritten stets einen Fächer oder einen Schirm vor das gealterte Gesicht gehalten hat, damit niemand die Falten sehen sollte. Die Sissi-Fans in aller Welt wissen auch nicht, wie sich die Beziehung zwischen Elisabeth und Franz Joseph im Laufe der Jahre geändert hat, sie haben keine Ahnung davon, dass sich Sisi immer mehr zurückzog, monatelang auf Reisen war und sich kaum um ihre Kinder kümmerte, mit Ausnahme um die jüngste Tochter Marie Valerie. Über den tragischen geheimnisvollen Tod ihres Sohnes Rudolf und die schicksalhafte Verkettung der Ereignisse in Genf geben die Marischka-Filme ebenso wenig Auskunft wie über ihren Tod.

Aber all dies ist vielleicht das Geheimnis der Sissi-Filme. Ihre Handlung endet dort, wo das Leben der Kaiserin die märchenhaften Bahnen verlässt. Denn wer will schon nach den romantischen Geschichten den später so tragischen Lebenswandel der Kaiserin tatsächlich sehen?

In den Filmen kommt es zu einer Symbiose zwischen Sisi und der Film-Sissi Romy Schneider. Nicht zufällig fällt dabei die Tatsache ins Auge, dass auch der Filmstar ein exzessives, aufregendes Leben führte, dessen Ende man als tragisch bezeichnen muss.

Die 99 Fragen zu Kaiserin Elisabeth sollen alle Seiten Sisis beleuchten und auch kritisch betrachten. Das wahre Bild Elisabeths mit den 99 Fragen darzustellen, kann nur ein Versuch sein. Denn wer ist schon imstande, den Charakter eines Menschen in der Nachschau wirklich vollständig zu ergründen?

Sisi – der Star der Wittelsbacher Familie aus Possenhofen

1. Wer war Sisis ausgeflippter Großvater?

Im altehrwürdigen Hause Wittelsbach fand man wie überall die unterschiedlichsten Charaktere, teils merkwürdige bis skurrile Persönlichkeiten, die man zwar als absonderlich bezeichnen könnte, aber nicht unbedingt als geisteskrank. Die Eigenheiten von Sisis Großvater väterlicherseits fielen allerdings schwer aus dem Rahmen des Üblichen.

Pius August, der als drittes Kind des Wittelsbacher Herzogs Wilhelm in Bayern und seiner Gemahlin Maria Anna von Zweibrücken-Birkenfeld am 2. August 1786 in Landshut das Licht der Welt erblickte, war schon in seiner Jugendzeit ungewöhnlich schwierig. Alles, was man von dem Knaben verlangte, lehnte er genauso kategorisch ab wie einen geregelten Tagesablauf. Selbst seinem übermächtigen Vater gelang es nicht, den Sohn zu einem anständigen Menschen zu erziehen. Als man sich keinen Rat mehr wusste, wie man den aggressiven jungen Mann zähmen könnte, kam man auf die Idee, ihn mit einem sanften, gutmütigen Mädchen zu vermählen. Die Wahl fiel auf die bedauernswerte Amalie Luise von Arenberg, die zwar als nicht ebenbürtig galt, aber deren untadeliges Wesen weit und breit bekannt war. Das Leben an der Seite des aufbrausenden, unberechenbaren Pius wurde für die junge Frau zur Hölle. Denn in seinem Zorn vergaß er sich, sodass sie froh sein musste, auf die Dauer ohne größere körperliche Schäden davonzukommen.

Keinem gelang es, Pius Einhalt zu gebieten. Wenn es ihm in den Sinn kam, lauerte er den Bauern in der Umgebung auf, griff sie an und verprügelte sie wahllos. Er lebte planlos in den Tag hinein, ohne sich dessen bewusst zu sein, dass er eigentlich königlich bayerischer Generalmajor war, als der er zugleich als Inhaber des Infanterieregiments Nr. 8 seine militärische Pflicht hätte erfüllen müssen. Stattdessen trieb er sich herum, um neuerliche Untaten zu begehen. Es erstaunt einen heute noch, dass es in einer Zeit, in der den Adeligen zu allem und jedem Tür und Tor geöffnet waren, möglich war, Herzog Pius in Polizeigewahrsam zu nehmen und ihn immer wieder hinter Gitter zu bringen. Selbst die königliche Verwandtschaft nützte dabei nichts, wahrscheinlich waren alle froh, diesen renitenten Menschen für eine Weile los zu sein.

Aber auch die Gefängnisaufenthalte besserten Pius nicht. Er fiel immer mehr in Depressionen, sein Geisteszustand verschlimmerte sich von Tag zu Tag, dazu kam seine ungewöhnliche Aggressivität. Nicht nur auf Menschen ging er unvermittelt los, er zertrümmerte dazu alles, was ihm in die Quere kam.

Schließlich blieb nur ein Ausweg: Er wurde in eine Einsiedelei verbannt, wo es niemanden gab, den er drangsalieren konnte. Dort beendete Sisis Großvater, über den man in der Familie tunlichst nicht sprach, sein unnützes Leben.

2. Wer waren die »hohen Verwandten« Sisis?

Sisi war eine gebürtige Herzogin in Bayern, ein Mädchen, das aus einem »hohen Haus« stammte und daher als Braut für den österreichischen Kaiser infrage kam. Ihre Mutter Ludovika war nicht nur die Schwester von König Ludwig I. von Bayern, sondern zudem noch die Tante des späteren Königs Maximilian II. Joseph und die Großtante des legendären Märchenkönigs Ludwig II. Ludovika hätte ursprünglich Chancen gehabt, den späteren König von Portugal zu ehelichen, hätte nicht ihr Großvater König Maximilian I. Joseph schon sehr früh ihre Heirat mit

Herzog Max in Bayern beschlossen. Denn viele Gründe gab es für König Maximilian, der von Napoleons Gnaden König von Bayern geworden war, diese Heirat zu forcieren. Nicht nur die Habsburger heirateten oder wurden aus dynastischen Gründen verheiratet, auch das neue Königshaus der Wittelsbacher stieg in die Fußstapfen der Kaiserlichen. Auch in dieser Familie wurden die Ehen nicht nach Sympathie und Neigung geschlossen, sondern in den meisten Fällen nach politischen Gesichtspunkten. Und da die Wittelsbacher jahrhundertelang auf den Königstitel hatten warten müssen, war es für sie notwendig, überall in Mitteleuropa die entsprechende Anerkennung durch Heiraten zu erlangen.

In den allermeisten Fällen konnten sich die jeweiligen Ehepartner über die Wittelsbacher Bräute nicht beschweren, denn ihre Schönheit war weit über die Grenzen Bayerns hinweg bekannt. Daher forderte Napoleon den damaligen Kurfürsten Maximilian Joseph auf, einer Ehe zwischen seinem Stiefsohn Eugène de Beauharnais und der Kurfürstentochter Amalie Auguste zuzustimmen. Als der Kurfürst zögerte, machte der französische Kaiser die Aufwertung Bayerns zum Königreich von dieser Ehe abhängig.

Keineswegs glücklich hingegen war die nächste, auch von König Maximilian I. Joseph arrangierte Eheschließung: Die schöne Tochter Sophie wurde an den völlig unattraktiven, eher schwerfälligen Kaisersohn Franz Karl verheiratet. Diese Ehe schien zunächst eine Katastrophe für die junge Frau zu sein. Erst die Freundschaft zum jungen König von Rom, der offiziell in Wien den Titel eines Herzogs von Reichstadt trug, ließ Sophie einigermaßen aufleben.

Am Wiener Kaiserhof sollte es außerdem zu einer eher kuriosen Situation kommen, denn Sisis Tante Auguste Friederike, die zunächst mit dem württembergischen Kronprinzen verheiratet war, ehelichte nach ihrer von Rom gebilligten Scheidung den dreifachen Witwer Kaiser Franz I. Daher war sie nicht nur die Schwester von Erzherzogin Sophie, sondern auch deren Schwiegermutter. Der spätere Kaiser Franz Joseph bezeichnete sie immer als »liebe Großmama«, obwohl sie eigentlich seine Tante war.

3. Wie war Sisi mit dem Stiefsohn Napoleons verwandt?

Von den berühmten Tanten Sisis ist sicherlich Auguste Amalie ganz besonders erwähnenswert, denn hätte sie nicht Eugène de Beauharnais geheiratet, wer weiß, ob Bayern wirklich Königreich geworden wäre.

Das Schicksal eines Landes geht oft verschlungene Wege. Bis zum Jahr 1806 hatten die Herzöge und Kurfürsten aus dem Hause Wittelsbach vergebens darum gekämpft, dass sie zu Königen von Bayern erhoben wurden. Es war ein seltsames Spiel der Politik, dass ausgerechnet Napoleon auf die Idee kam, dem bayerischen Kurfürsten Max I. Joseph die Königskrone als Dank für seine Hilfe anzubieten, freilich nicht ohne Bedingung: Der Kaiser der Franzosen suchte für seinen Stiefsohn eine standesgemäße Braut. Und dies erwies sich als nicht einfach!

Aber Schwierigkeiten waren für Napoleon dazu da, um sie zu überwinden, koste es, was es wolle. Immerhin hatte der Wittelsbacher Kurfürst eine Reihe schöner Töchter, von denen Auguste Amalie Ludovika Napoleon besonders ins Auge stach. Natürlich wusste der französische Kaiser auch, dass Max I. Joseph nicht so leicht zu überreden war, die reizende Tochter an seinen Stiefsohn zu verheiraten. Daher schlug er dem Kurfürsten folgenden Handel vor: Auguste Amalie sollte Eugène de Beauharnais heiraten, dafür sollte Max I. Joseph zum bayerischen König gekrönt werden! Gesagt, getan. Für Max I. war dieser Handel die Chance seines Lebens, für Amalie Auguste eine Katastrophe. Sie wollte lieber sterben, als Eugène de Beauharnais die Hand fürs Leben zu reichen. Aber alles war zwecklos. In München fand die glanzvolle Hochzeit statt, bei der Napoleon als Ehestifter besonders gut gelaunt war.

Die Ehe, gegen die sich Auguste Amalie so gewehrt hatte, war eine der glücklichsten im Hause Wittelsbach. Denn der ungewöhnlich gut aussehende, charmante und liebenswürdige Eugène gewann das Herz seiner jungen Frau im Sturm. Auguste Amalie zog mit ihm zunächst nach Italien, wo Eugène als Vizekönig eingesetzt war. Später ernannte ihn sein Schwiegervater zum Herzog von Leuchtenberg.

Auguste Amalie, deren Schönheit nicht nur Napoleon beeindruckte, schenkte ihrem Mann sieben Kinder, von denen die älteste Tochter Josephine König Oskar von Schweden und Amalie Kaiser Pedro I. von Brasilien heiratete.

Sisi allerdings war es nicht vergönnt, den charmanten Stiefonkel kennenzulernen, da sie erst 13 Jahre nach seinem Tod das Licht der Welt erblickte. Wohl aber ihre Tante, die noch bis zum Jahr 1851 entweder in ihrem Schloss in Ismaning oder im Palais Leuchtenberg in München lebte. Und da die Geschwister zeitlebens guten Kontakt pflegten, ist anzunehmen, dass auch Ludovika mit den Kindern öfter die Schwester aufsuchte, wenn sie in München war.

4. Warum wurde Sisis Lieblingstante Kaiserin in Wien?

Wohl mit keiner anderen Tante – ihre Schwiegermutter ausgenommen – hatte Sisi so viel Kontakt wie mit Karoline Charlotte Auguste, die als vierte Gemahlin von Kaiser Franz am Wiener Hof lebte und allgemein in der Familie als »liebe Großmama« bezeichnet wurde, obwohl sie selbst keine Kinder zur Welt gebracht hatte. Das Schicksal Karolines war kein beneidenswertes gewesen, hatte sie doch als junges Mädchen eine unendlich große Enttäuschung erleben müssen.

Die Tochter des seinerzeitigen Pfalzgrafen von Zweibrücken-Birkenfeld, des späteren Königs Max I. Joseph, hatte das Licht der Welt am 8. Februar 1792 in Mannheim erblickt, in einem Jahr, da der Vater schwierigen politischen Zeiten entgegensah. Ständig auf der Flucht, ununterbrochen auf Reisen, hatte sich das Kind mit Blattern angesteckt, einer Krankheit, die in der damaligen Zeit meist tödlich war. Wie durch ein Wunder überstand das Mädchen die Pocken, allerdings war das schöne Gesicht Karolines durch Blatternarben beeinträchtigt, worunter sie ein Leben lang litt.

Ob mit oder ohne Gesichtsnarben, der ihr zugedachte Ehemann hatte ohnehin nicht das geringste Interesse an ihr. Auf Geheiß des Vaters, des württembergischen Königs, hatte sein Sohn Wilhelm nur widerwillig um die Hand der Wittelsbacher Prinzessin angehalten, ohne allerdings auch nur im Mindesten daran zu denken, seine Mätressen aufzugeben. Dass er auch die Ehe nicht vollziehen wollte, war nur eine logische Konsequenz seiner Abneigung der jungen Frau gegenüber. Da sich seine Aversion gegen Karoline noch steigerte, gab es nur einen Weg: die Scheidung, in die Papst Pius VII. schließlich einwilligte, sodass Karoline ohne Weiteres einen neuen Ehemann finden konnte.

Dass allerdings der ältliche Kaiser von Österreich, dem der Tod schon drei Ehefrauen hinweggerafft hatte, um die Hand Karolines anhalten würde, war vor allem politisch interessant. Kaiser Franz I. war sicherlich kein Traummann für die junge Frau, die in Wien ihren zweiten Namen »Charlotte« abgelegt hatte. Aber auf seine stille Art nannte er sie sein »liebes Weib«, seine »häusliche Perle« oder gar »Engel des Hauses«. Und diesen Titel verdiente Karoline wahrhaftig. Sie wurde für die Kinder ihres Gemahls, aber auch für ihre Neffen der Mittelpunkt in der Familie. Und als die junge Sisi nach Wien kam, war es geradezu eine Selbstverständlichkeit, dass sie oft und gern bei der großmütterlichen Tante weilte.

Karoline Auguste begründete zahlreiche Hilfsorganisationen und unterstützte tatkräftig Waisenhäuser und Krankenanstalten. Als sie einen Tag nach ihrem 81. Geburtstag die Augen für immer schloss, trauerte nicht nur die Kaiserfamilie um sie.

5. War Sisis Vater ein Lebemann?

Herzog Max, Sisis Vater, genoss das Leben in all seinen Facetten, denn er war alles andere als ein Kind von Traurigkeit – ganz im Gegensatz zu seiner Tochter Elisabeth. Vielleicht wäre das Schicksal Sisis auch anders verlaufen, hätte sie einen Mann geheiratet, der im Wesen ihrem lebensfrohen Vater ähnlich gewesen wäre und nicht so viele Ansprüche an sie gestellt hätte. Denn die Welt, in der die Kaiserin aufgewachsen war, war in vielem von ihrem Vater gestaltet worden, der das Leben, die Geselligkeit und vor allem die Freiheit liebte.

Der Herzog, der aus einer Nebenlinie der Wittelsbacher stammte, war sehr volksnah erzogen worden. Er hatte gute Freunde in allen Volksschichten, in deren Runde er sich sichtlich wohlfühlte.

Wahrscheinlich wäre das Leben des Herzogs rundum glücklich verlaufen, hätte er das Mädchen heiraten dürfen, dem sein Herz gehörte: eine Bürgerliche! Aber genauso wenig wie seine ihm aufgezwungene zukünftige Gemahlin Ludovika konnte er frei entscheiden. Sein Großvater hatte die Braut für ihn ausgesucht und dagegen gab es keine Widerrede.

Es war kein Wunder, dass die Ehe von Max und Ludovika von Anfang an unter keinem guten Stern stand. Schon die Hochzeit, die mit großem Pomp gefeiert wurde, war für Braut und Bräutigam eine Katastrophe. Nur mit Mühe pressten die beiden ihr »Ja« zu dem Bund, der sie ein Leben lang aneinanderketten sollte, heraus. Wie Domestiken berichteten, sperrte

Ludovika den frisch angetrauten Gemahl, der trotz aller Abneigung die Ehe mit ihr vollziehen wollte, in der Hochzeitsnacht in einen Schrank.

Aber so ganz ließ sich Max nicht abhalten, denn aus dieser Ehe ging eine große Schar an Kindern hervor. Sie liebten vor allem, als sie noch im Elternhaus lebten, den Vater, der sich allerdings immer wieder auf Reisen begab, wobei es ihn nirgendwo lange hielt, genauso wie seine Tochter Sisi. Am wohlsten fühlte er sich aber im Kreise seiner Freunde, vor denen er zum Klang der Zither seine Kompositionen und kleinen Gedichte zum Besten gab oder sich mit den »Rittern der Tafelrunde« im dichterischen Wettstreit messen konnte. Daneben schrieb er Theaterstücke und Novellen, er interessierte sich für die bildende Kunst genauso wie für die Musik.

Besonders Sisi liebte den lustigen Vater über alles. Sie hatte viel von ihm geerbt, nur nicht sein leichtes, lockeres Gemüt!

So beliebt der Herzog nicht nur bei seinen Kindern und den Damen in der Umgebung war, wovon einige außereheliche Sprösslinge zeugen, so eisig war und blieb das Verhältnis zu seiner Gemahlin. Erst bei der goldenen Hochzeit kam es zur endgültigen Aussöhnung zwischen Max und Ludovika – 50 Jahre zu spät.

6. Wer war Sisis Mutter?

Nachdem Bayern durch Napoleons Gnaden Königreich geworden war, zeigte der frisch gekürte König Maximilian I. Joseph ganz besonderes Interesse, seine zahlreichen Töchter standesgemäß zu verheiraten. Dabei waren die Mädchen meist noch im Kleinkindalter, wenn der König nach passenden Ehemännern in ferner Zukunft Ausschau hielt.

Es bereitete dem Vater von acht Töchtern, wobei Amalia Marie Augusta, die aus der ersten Ehe des Königs stammte, schon im Kindesalter gestorben war, doch einiges Kopfzerbrechen, welche Prinzen er als zukünftige Schwiegersöhne ins Auge fassen sollte. Die Wittelsbacher bekannten sich beinah seit Urzeiten zum katholischen Glauben, weshalb der Heiratsmarkt sichtlich eingeschränkt war. Da aber im wahrsten Sinne des Wortes »Not am Mann« war, änderten sich im Laufe der Zeit die strengen religiösen Bestimmungen – immerhin war es möglich, dass der eine oder andere Heiratskandidat zum Katholizismus übertreten konnte.

Die meisten der schönen Töchter von König Max machten glänzende Partien. Drei heirateten Könige, eine den Kaiser von Österreich und Sophie immerhin einen habsburgischen Erzherzog, der berechtigte Aussichten auf die Kaiserkrone hatte. Nur die jüngste Tochter, die attraktive Ludovika, musste sich mit einem Herzog begnügen, denn zwischen dem bayerischen König und Herzog Wilhelm in Bayern bestand seit Langem die Abmachung, dass der Enkel des Herzogs eine Königstochter heiraten sollte, um seine Position etwas zu verbessern.

Natürlich war diese Vereinbarung über die Köpfe der Beteiligten hinweg zustande gekommen, man stellte die jungen Leute vor vollendete Tatsachen, der Wille der Alten war Befehl! Damit nahm eine beinah lebenslange Tragödie ihren Lauf, denn Ludovika war zu der Zeit, als sie Max heiraten sollte, unsterblich in den portugiesischen Thronfolger verliebt und ihr Bräutigam in ein einfaches Bürgermädchen.

Es sollte ein halbes Jahrhundert dauern, bis sich die permanente Zwietracht, die zwischen den Eheleuten von allem Anfang an herrschte, allmählich legte. Die Kinder, die dieser Ehe entsprossen, verlebten dennoch eine ungetrübte Kindheit, da Herzog Max sehr häufig auf Reisen war, wodurch die Mutter zur eigentlichen Bezugsperson wurde. Auch in späteren Jahren stand Ludovika ihren Söhnen und Töchtern mit Rat und Tat zur Seite. Vor allem Sisi fand immer wieder den Weg nach Possenhofen, um hier unbeschwerte Tage zu verbringen.

7. Wie kam Sisi zu einer protestantischen Taufpatin?

Da Elisabeths Mutter Ludovika zahlreiche Schwestern und Stiefschwestern besaß, lag der Gedanke nahe, dass eine von ihnen Sisi, die am Heiligen Abend 1837 das Licht der Welt erblickt hatte, aus der Taufe heben sollte. Die Wahl fiel auf Elisabeth Ludovika von Bayern, die mit dem König von Preußen, Friedrich Wilhelm IV., verheiratet war – eine etwas seltsame Wahl, da Elisabeth im Jahre 1830 zum Protestantismus übergetreten war.

Es dürfte für die bayerische Prinzessin, einer Tochter von König Max I. Joseph und seiner Gemahlin Caroline, die am 13. November 1801 in München geboren wurde, ein schwerer Schritt gewesen sein, ihr Glaubensbekenntnis zu wechseln. Eigentlich hätte sie dies schon bei ihrer Heirat tun sollen, als sie dem preußischen König Friedrich Wilhelm IV. ihr Ja-Wort gab. Aber der Bräutigam war von ihrer Erscheinung und ihrem Wesen so hingerissen, dass er nicht auf dem sofortigen Übertritt zum Protestantismus bestand. Er hatte das schöne Mädchen auf einer Kavalierstour durch Süddeutschland kennengelernt, wobei er festgestellt hatte, dass von den Wittelsbacher Prinzessinnen eine schöner als die andere war, dazu noch gebildet. Die Ehe von Friedrich Wilhelm IV. und Elisabeth Ludovika, die als besonders glücklich galt, blieb kinderlos.

Die bayerische Prinzessin auf Preußens Thron, die 1840 Königin von Preußen geworden war, blieb, anders als ihr Patenkind Sisi, politisch nicht untätig, wobei sie die verwandtschaftlichen Beziehungen, die durch die Heiraten ihrer Schwestern zustande gekommen waren, in positiver Weise ausnützte. Vor allem eine gute Beziehung zwischen Preußen und Bayern lag ihr am Herzen.

Der preußische König besaß zum Leidwesen seiner Untertanen keine stabile Gesundheit. Nach einem Schlaganfall merkte seine Gemahlin, dass Friedrich Wilhelm nicht mehr regierungsfähig war. Deshalb überredete sie ihn im Jahr 1858, die Regentschaftsurkunde zugunsten des Thronfolgers Prinz Wilhelm zu unterzeichnen. Auch nach seinem Tod am 2. Januar 1861 brachte man seiner Witwe große Verehrung und Hochachtung entgegen. Man fragte Elisabeth Ludovika in oft schwierigen politischen Situationen um ihre Meinung und schon bald gab es am preußischen Hof den Spruch: »Was sagte die Königin Elisabeth dazu?« Trotz ihres zurückgezogenen Lebens engagierte sie sich bei vielen wohltätigen Organisationen. Auch zu ihren Schwestern hatte sie nach wie vor enge Beziehungen und stand mit ihnen in regem Briefwechsel. Als sie ihre Zwillingsschwester Amalie, die mit dem König von Sachsen verheiratet war, besuchte, erkrankte sie plötzlich und starb am 14. Dezember 1873 in Dresden.

8. Wo zeigten sich Sisis bayerische Wurzeln?

Eigentlich hätte Elisabeth niemals ins Ausland heiraten dürfen, denn sie war und blieb ein Leben lang ihrer bayerischen Heimat eng verbunden. Wenn sie von Zeit zu Zeit nach Possenhofen kam, dann legte sie ihre Marotten ab, die sie sich im Laufe der Zeit angewöhnt hatte. Hier lebte ihre eigentliche Familie, die sie seit eh und je verstand. Niemals hatten ihr eigener Ehemann und ihre Kinder die Chance, ihr so ans Herz zu wachsen wie die Possenhofener. Wenn es auch hier einige Dinge gab, die nicht im Sinne Sisis waren, so übersah sie alles geflissentlich, was sie in Wien auf die Goldwaage gelegt hätte. Am Starnberger See war die Kaiserin wie ausgewechselt, hier fühlte sie sich wohl, hier war sie wirklich Mensch. Was sich auch darin zeigte, dass sie sich nicht mit den gewohnten Diäten und Abmagerungskuren beschäftigte, sondern mit Genuss die deftigen bayerischen Speisen aß, ohne sich darum zu kümmern, ob diese vielleicht ihr Körpergewicht um einige Gramm nach oben schnellen lassen könnten.

Natürlich war es in ihrer bayerischen Familie üblich, zu den Mahlzeiten Bier zu trinken. Auch Sisi schätzte einen kräftigen Schluck aus den schweren Steinkrügen mit den Deckeln darauf, damit der Schaum nicht zusammenfallen konnte. Einer ihrer Lieblingshofdamen, Irma Sztáray, gegenüber bekannte sie freimütig, als sie vor dem Hofbräuhaus standen: »Ich verlasse niemals München, ohne hier einzukehren.« Irma Sztáray allerdings war geradezu entsetzt, als sie auf den rohen Holzbänken Platz genommen hatten und zwei große Steinkrüge serviert wurden, die je ein Maß Bier fassten, also einen Liter. Die Kaiserin setzte den Krug an und trank ihn mit großem Genuss beinahe leer, während die Hofdame Mühe hatte, das schwere Trinkgefäß überhaupt zu halten.

Daneben hatten es die bayerischen Brezen Sisi besonders angetan. Auch darüber berichtete Irma Sztáray, die mit Elisabeth in Frankfurt am Main folgendes Erlebnis hatte: »Auf dem Heimweg kam uns ein Bretzenmann entgegen. Die Kaiserin blieb stehen und nahm einige Bretzen von der Stange herab. ›Woran denken Sie jetzt?‹ fragte mich Ihre Majestät. ›Daran, daß wir die Bretzen verzehren werden.‹ – ›Nur so, ohne alles?‹ – ›O nein, das wäre zu trocken, ich denke an Bier‹, sagte sie, ›gehen wir also und trinken wir ein Glas.‹ Wir traten hierauf in den Löwenbräu« – in ein Lokal, wo die Kaiserin von Österreich fröhlich sein konnte!

9. Stritt Sisi mit ihrer Schwester Nene um den Bräutigam?

Eigentlich hätte das Verhältnis der Schwestern zumindest vorübergehend getrübt sein müssen, denn immerhin hatte Elisabeth Helene den Traummann weggenommen, für den sie aufgrund der Abmachungen beider Mütter vorgesehen gewesen war.

Da Kaiser Franz Joseph, der sich in halb Europa nach einer Braut umgesehen hatte, sich überraschenderweise für Sisi entschieden hatte, kehrte Nene aus Ischl als verschmähte Braut nach Hause zurück. Dabei hätte gerade Helene oder Nene, wie sie im Familienkreis genannt wurde, in jeder Hinsicht alle Voraussetzungen für eine zukünftige Kaiserin erfüllt. Das junge Mädchen war nicht nur im Alter passend für Franz Joseph, sie galt außerdem als ausgesprochene Schönheit und war streng katholisch. Der Kaiser hätte keine bessere Braut finden können, Nene wäre in ihrer ernsthaften Art der Aufgabe als Kaiserin sicherlich besser nachgekommen als Sisi. Es musste ein Schock für die junge Nene gewesen sein, als aus der vorgesehenen Braut ein sitzengelassenes Mädchen geworden war. Da sie aber Kaiser Franz Joseph genauso wenig kannte wie Sisi, machte sie ihrer Schwester wahrscheinlich keine besonders heftigen Vorwürfe, dass sie ihr den Kaiser »weggeschnappt« hatte. Denn sie wusste, dass Sisi keineswegs bewusst gehandelt hatte, sondern dass sie gleichsam von der Liebe Franz Josephs überrumpelt worden war. Deshalb trübte sich das Verhältnis der beiden Schwestern kaum. Außerdem merkte Nene schon sehr bald, in welchem goldenen Käfig die Schwester gefangen war. Denn niemandem in Possenhofen konnte entgehen, dass das Leben am Kaiserhof nicht gerade erstrebenswert für junge Leute war.

Als der Sohn des Fürsten von Thurn und Taxis um die Hand Nenes anhielt und sie von den Regensburgern umjubelt und von den Schwiegereltern herzlichst aufgenommen wurde, hatte sie sicherlich die Episode in Ischl zwar nicht vergessen, aber überwunden. Es schien, als sähe sie einer glücklichen Zukunft entgegen. Sie konnte freilich nicht ahnen, dass der Tod schon bald ihren geliebten Gemahl und zwei ihrer Kinder hinwegraffen würde.

»Old Sisi«, wie Nene sie zärtlich nannte, traf die Schwester immer wieder auf ihren Reisen, besuchte sie in Regensburg und stand an ihrem Sterbebett. Wie die Tochter Elisabeths Marie

Valerie berichtete, galten beinah die letzten Worte Nenes ihrer Schwester, denn Sisi meinte zu Nene: »We two have had hard puffs in our lifes«, worauf Nene mit ersterbender Stimme antwortete: »Yes, but we had hearts.«

10. Wer war Sisis skurrilster Bruder?

Zweifelsohne ihr Bruder Ludwig, der so wie seine berühmte Schwester Elisabeth nicht bereit war, Konventionen und Traditionen zu akzeptieren. Er lebte, wie es ihm gefiel, sehr zum Verdruss seiner Eltern.

Ludwig, Sisis ältester Bruder, der im Jahre 1831 das Licht der Welt erblickt hatte, war natürlich wie es für herzogliche Söhne üblich war, für die Offizierslaufbahn bestimmt. Nur widerwillig ließ er die Ausbildung über sich ergehen, denn eigentlich fühlte er sich von Jugend auf zum Theater hingezogen, vor allem aber zu den schönen Schauspielerinnen. So manche heiße Affäre mit verführerischen Elevinnen hatte er schon hinter sich, als er die bezaubernde Henriette Mendel am Theater in Augsburg kennenlernte, sich Hals über Kopf in sie verliebte und sie gegen den Willen der Familie zum Traualtar führte. Ein Skandal nicht nur im Hause Wittelsbach – denn durch diese Eheschließung wurde der Kaiser von Österreich der Schwager einer Schauspielerin!

Diese Unbotmäßigkeit der Familie gegenüber sollte für Ludwig ernste Konsequenzen haben: Er verlor das Erstgeburtsrecht an seinen Bruder Carl Theodor, etwas, das ihn nicht so bedrückte wie der Status seiner nicht ebenbürtigen Gemahlin, die von der Gesellschaft geschnitten wurde, obwohl Henriette als Freiin von Wallersee geadelt worden war. Lediglich Kaiserin Elisabeth war von der Wahl ihres Bruders begeistert und lud das Ehepaar immer wieder nach Gödöllő oder Ischl ein. Was Henriette nicht ahnen konnte: Ludwig war ein unglaublich komplizierter und schwieriger Mensch, um den sich kaum Freunde scharten. Er hatte das Glück, dass Henriette geduldig seine Marotten ertrug, auch seine Affären, über die sie natürlich informiert war. Ludwig hatte weder eine Aufgabe noch irgendein erstrebenswertes Lebensziel. Vielleicht war dies der Grund, dass er sich vom preußischen Geheimdienst ködern ließ, seinen Neffen, den Kronprinzen Rudolf, auszuspionieren. Erst nach dem Freitod Rudolfs wurden diese Machenschaften aufgedeckt. Elisabeth zog sofort die Konsequenzen und brach jeglichen Kontakt mit dem Bruder ab. So sehr sich auch Henriette um eine Annäherung der Geschwister bemühte, blieben ihre Aussöhnungsversuche ohne Erfolg.

Als Henriette im Alter von 61 Jahren starb, ging es mit Ludwig steil bergab. Nachdem seine zweite Ehe – wieder mit einer Schauspielerin – in die Brüche gegangen war, verwahrloste er vollständig. Als er am 7. November 1920 in München starb, vermisste ihn niemand mehr.

11. Wieso war Sisi mit einer Schauspielerin verschwägert?

Es musste nicht geringe Aufregung in der Wittelsbacher, aber auch in der Habsburger Familie hervorgerufen haben, als der älteste Bruder von Kaiserin Elisabeth seine Absicht kundtat, die Schauspielerin Henriette Mendel zu ehelichen.

Als Herzog Ludwig in Bayern das bildhübsche Mädchen auf der Bühne des Augsburger Theaters erblickt, war es vorübergehend um ihn geschehen. Und da Henriette – die auf Wunsch des Großherzogs von Hessen genauso wie ihre Schwester die Theaterlaufbahn eingeschlagen hatte, obwohl sie als kein besonderes Talent bezeichnet werden konnte – sich weigerte, die Geliebte des Wittelsbacher Herzogs zu werden, blieb Ludwig keine andere Wahl, als sie zu seiner rechtmäßigen Gemahlin zu nehmen. Das war leichter geplant als durchgeführt. Denn zu dieser Zeit war es beinahe unmöglich, sich über die Standesschranken hinwegzusetzen, auch ein Herzog in Bayern hatte sich an die Gesetze der Familie zu halten. Da aber Ludwig, genauso wie seine berühmte Schwester Sisi, nichts von Konventionen hielt, teilte er seinen verblüfften Eltern mit, dass er auf die Vorteile der Erstgeburt rundweg verzichten wolle, um Henriette zum Traualtar führen zu können.

Wie sich schon bald herausstellen sollte, hatte Ludwig keine schlechte Wahl getroffen. Obwohl man Henriette in der hohen Gesellschaft weidlich mied, schätzten sie sowohl Sisi als auch Kaiser Franz Joseph, der ihr den Titel einer Baronin von Wallersee verlieh. Zwei Kindern sollte Henriette das Leben schenken, von denen nur die Tochter Marie überlebte. Sie war jahrelang die Lieblingsnichte Sisis, bis es zum Eklat nach dem Tod von Kronprinz Rudolf kam.

Henriette verstand es mit ihrem ausgleichenden Wesen meisterlich, den Kontakt zwischen Ludwig und seiner Schwester Sisi aufrechtzuerhalten, da es des Öfteren zu großen Meinungsverschiedenheiten zwischen den beiden kam. Nach ihrem frühen Tod fehlte Ludwig der innere Halt, sodass er beinah in die Gosse abglitt.

12. Kannte Sisi Lola Montez, die Mätresse ihres Onkels?

Wahrscheinlich nur vom Hörensagen, denn innerhalb der Familie wurde sicherlich Vieles und Übles über diese Dame kolportiert. Vor allem war man sich in diesem Punkte mit den Münchnern einig, wie empörend es war, dass König Ludwig I. sich von einer Tingeltangeltänzerin hatte an der Nase herumführen lassen. Da Lola Montez dem bayerischen König nicht nur Ansehen, sondern vor allem auch den Thron gekostet hatte, hielten sich natürlich noch lange die Gerüchte über diese skandalöse Affäre. Daher ist anzunehmen, dass auch Sisi als junges Mädchen von der Liaison ihres Onkels erfuhr, allerdings in sehr diskreter Form, da man in dieser Zeit alles, was nicht der allgemeinen Moral entsprach, von den Ohren junger Mädchen fernhielt.

Sisi war im Jahr 1848, als ihr Onkel Ludwig zugunsten seines Sohnes Maximilian II. Joseph abdankte, elf Jahre alt. Sicherlich diskutierte man in der Familie heftig, ob es richtig gewesen war, dass der König, der sich endlich von Lola Montez befreit hatte, wirklich zurücktreten musste. Immerhin hatte Ludwig I. jahrelang eine günstige Politik für Bayern betrieben, bis er in die Netze der verführerischen Tänzerin, die ihm mit treuherzigen veilchenblauen Augen vorschwindelte, aus Indien zu stammen, geraten war. Ab dieser Zeit war es um den leidenschaftlichen Ludwig geschehen. Zunächst stattete er Lola mit reichlichen Geldmitteln aus und schließlich überließ er ihr politische Entscheidungen. Lola Montez und ihr Liebhaber hatten den Bogen überspannt! Der Unmut der Minister war für den König genauso wenig zu übersehen wie die Ablehnung der Münchner Bevölkerung. Wollte Ludwig keinen Aufstand in Bayern riskieren, musste Lola gehen! Und mit ihr ging – resignierend – auch der König.

Was immer in dieser aufregenden Zeit in der Familie des Herzogs in Bayern über die freche Mätresse des Königs gesprochen wurde, ist nicht bekannt. Es wäre interessant gewesen, wie Sisi in ihrer unkonventionellen Art, die sie allem Nichtalltäglichen entgegenbrachte, auf die Dame, die einen König zu Fall bringen konnte, reagiert hätte. Vielleicht hätte ihr Onkel König Ludwig in ihr eine Unterstützerin gehabt?

13. Wer war Sisis »Gackel«?

Schon von klein auf waren sie ein Herz und eine Seele gewesen, Elisabeth und ihr um zwei Jahre jüngerer Bruder Carl Theodor, der in der Familie nur »Gackel« gerufen wurde. Beide Kinder hatten vieles gemeinsam, erst als Erwachsene gingen sie völlig unterschiedliche Wege. In ihrer Kinderzeit waren sie echte Spielkameraden, die sich am liebsten in Wald und Flur aufhielten, wo sie ungestört die Vögel beobachten oder hoch zu Ross über Zäune und Gräben springen konnten. Denn auch Carl Theodor entwickelte sich genauso wie Sisi unter Anleitung des Vaters zu einem exzellenten Reiter. Daneben lernten beide Fechten, Segeln und Schwimmen, etwas absolut Notwendiges am Starnberger See. Gackel wäre nämlich aufgrund der Unaufmerksamkeit einer Kinderfrau mit fünf Jahren beinah ertrunken.

Die unbeschwerte Kindheit sollte allerdings für Carl Theodor im späteren Leben von Nachteil sein, da die Eltern viel zu wenig Wert auf Bildung gelegt hatten, sodass Carl Theodor später als Arzt eigene Schönschreibübungen machte, da seine Handschrift fast unleserlich für die Patienten war. Daneben vermisste er ein Leben lang eine solide Allgemeinbildung, vor allem während seines Medizinstudiums. Er hatte nämlich nach dem frühen Tod seiner ersten geliebten Gemahlin Sophie beschlossen, dem Militär, wo er als Herzogssohn echte Karrierechancen gehabt hätte, Lebewohl zu sagen, um unter allergrößten Schwierigkeiten Medizin zu studieren. Viele aus der Familie konnten seinen Entschluss nicht verstehen, wahrscheinlich auch nicht seine Schwester Sisi, während sich Kaiser Franz Joseph beinah bewundernd über Carl Theodor und dessen Ambitionen äußerte. Für den Bruder war die frühe Heirat Sisis ein schwerer Schlag gewesen, vor allem auch deshalb, weil sich die Schwester, kaum war sie in Wien, wenig um ihren Vertrauten aus der Kinderzeit kümmerte.

Sie erschien Carl Theodor so weit entfernt, vor allem als er, der sich als Augenarzt für seine Patienten beinahe aufrieb, erkennen musste, welch Drohnendasein seine Schwester führte, der es als Kaiserin möglich gewesen wäre, rundum Gutes zu tun. Er konnte ihr Leben nicht verstehen, besonders nicht ihre ständige Flucht vor sich selbst, wobei ihn ihr Selbstmitleid am meisten störte. Zum Eklat zwischen beiden kam es, als Carl Theodor nach dem Tod des Kronprinzen Rudolf nach Wien eilte, um die Schwester tröstend in die Arme zu nehmen. Es war der falsche Weg, den er gewählt hatte, denn Sisi hatte sich jede Mitleidskundgebung verbeten. Und dies galt auch für den einst so geliebten Gackel!

14. Wie lernte Sisi ihre Schwägerin Maria Josepha kennen?

Es war wohl eine der seltsamsten Begegnungen, die innerhalb der Possenhofener Familie stattfanden, denn als der Lieblingsbruder Sisis die Einladung für sich und seine junge Ehefrau nach Ischl annahm, konnte er nicht ahnen, dass der Wettergott ihnen ein Schnippchen schlagen würde.

Es hatte lange gedauert, bis sich Herzog Carl Theodor von dem schweren Schicksalsschlag erholte, der ihn durch den Tod seiner geliebten ersten Frau getroffen hatte. Hilflos hatte er zusehen müssen, wie seine Gemahlin Sophie nach der Geburt der kleinen Tochter langsam dem Tode entgegenglitt. Jahre der Einsamkeit und des intensiven Medizinstudiums folgten, bis sich Carl Theodor auf Drängen der Familie entschloss, doch wieder zu heiraten. Die Wahl fiel auf die erst 16-jährige Tochter des verstorbenen Königs von Portugal, Maria Josepha, die trotz ihrer Jugend die Ziele, die sich ihr Bräutigam gesteckt hatte, verstand.

Natürlich war man auch in der Kaiserfamilie gespannt, wer die zukünftige Frau an der Seite des ambitionierten Arztes sein würde. Sisi schickte eine persönliche Einladung nach Ischl an den Bruder und seine Braut. Obwohl die Witterungsverhältnisse nichts Gutes verhießen, bestiegen die beiden eine Kutsche, die sie ins Salzkammergut bringen sollte. Es dauerte nicht lange, bis der Himmel seine Schleusen öffnete und sich ein Wolkenbruch über sie ergoss. Bis auf die Haut durchnässt, entstiegen beide der Kutsche, wobei Maria Josepha eher einer Vogelscheuche als einer eleganten jungen Dame glich. In diesem bedauernswerten Aufzug traten sie dem Kaiserpaar gegenüber! Sisi rettete die peinliche Situation, indem sie spontan auf die klitschnasse Schwägerin zuging und sie herzlich in die Arme schloss.

Da sich die beiden Frauen von Anfang an gut verstanden, ist es nicht erklärbar, dass weder die Kaiserin noch ihre Schwester Marie, die Königin von Neapel, zur Hochzeit ihres Bruders im Jahre 1874 erschienen. Dafür gab der bayerische König Ludwig II. einen Galaabend für die junge Frau, verbunden mit einer Festaufführung der Wagner-Oper »Lohengrin«. Maria Josepha hatte ihren Ehrenplatz in der Königsloge neben Ludwig II.

15. Kannte Sisi ihren königlichen Großvater?

Als Elisabeth in Bayern am Weihnachtsabend 1837 das Licht der Welt in München erblickte, standen wohl alle möglichen Verwandten an ihrer Wiege, aber keiner ihrer Großväter. Denn König Max I. Joseph war im Jahre 1825 mit 69 Jahren ganz plötzlich gestorben, ein Mann, der nicht nur in München sehr beliebt war, sondern auch im ganzen Land in hohem Ansehen stand, obwohl er kein gebürtiger Bayer war. Aber man sah diesen »Makel« dem in Schwetzingen bei Mannheim geborenen Mann gerne nach, nachdem er durch seine Beziehungen zu Frankreich die Königskrone für Bayern erworben hatte.

Max I. Joseph war ein ungewöhnlich leutseliger Mann, der überall, wohin er kam, mit großer Herzlichkeit empfangen wurde. Vor allem war man froh, dass er es war, der in Bayern die Nachfolge seines Verwandten Carl Theodor antrat, der ohne erbberechtigte Kinder verstorben war. Denn der verstorbene bayerische Kurfürst hatte mehrmals die Absicht geäußert, Bayern an die Habsburger übertragen zu wollen. Und das war wirklich das Letzte, was man in Bayern wollte! Die Freude der Münchner drückte der Braumeister Pschorr aus, als Maximilian I. Joseph in der Stadt einzog, indem er ausrief: »Ja mei Maxl, daß'd nur grad da bist! Iatz geht alles wieder guat!«
Der König war ein ganz außerordentlicher Mann, der es verstand, dass ihm überall die Herzen zuflogen. Dabei führte er ein konsequentes Regiment, auch innerhalb seiner großen Familie. Seine erste Gemahlin Auguste Wilhelmine von Hessen-Darmstadt, die außer den Kronprinzen Ludwig noch weitere vier Kinder zur Welt gebracht hatte, starb früh. Der Witwer ging schon nach ein paar Monaten wieder auf Freiersfüßen und heiratete nach dem Trauerjahr die schöne Karoline Friederike Wilhelmine von Baden. Fast alle der acht Kinder machten in der Zukunft Karriere, die Hauptrollen aber fielen Ludovika, der Mutter Sisis, und Sophie, der Schwiegermutter und Tante der späteren österreichischen Kaiserin, zu. Da der bedeutende Großvater zur Zeit, als Sisi und ihre Geschwister zur Welt kamen, nicht mehr lebte, ist anzunehmen, dass die Mutter den Kindern viel von diesem beliebten Mann erzählte. Denn Max I. Joseph war alles andere als ein »abgehobener« Fürst. Er führte mit seiner Familie ein fast beschauliches Leben, und wenn er sich leutselig unters Volk mischte, bekannte er: »Ich bin nicht den ganzen Tag König ... und ich bin glücklich, Augenblicke zu finden, wo ich es vergessen kann!«
Das war es, was seine Enkelin Sisi ein Leben lang suchte: zu vergessen, dass sie Kaiserin sein musste ...

16. Wie kam Sisis Schwester Marie zum Titel einer »Heldin von Gaeta«?

Die Schwestern Elisabeth und Marie erregten überall, wohin sie kamen, Aufsehen. Obwohl die Kaiserin von Österreich als die schönste Frau ihrer Zeit galt, wäre es wahrscheinlich für Paris schwer gewesen, den berühmten Apfel ohne schlechtes Gewissen Sisi zu überreichen. Denn auch ihre Schwester Marie war mit ihrem dunklen Haar, dem ebenmäßigen Gesicht und ihrer schlanken, hohen Gestalt eine wahre Schönheit. Ihr Bräutigam, der Kronprinz von Neapel-Sizilien, hätte sich glücklich schätzen müssen, so ein schönes Mädchen zum Traualtar führen zu können. Aber der junge Mann wusste eigentlich so gar nichts mit seiner Ehefrau anzufangen. Er war streng religiös, ja beinahe bigott erzogen worden, alles Körperliche galt für ihn als Sünde, schon der Gedanke an eine nähere Beziehung zu einem Mädchen war für ihn verwerflich. Daher sah er der Hochzeitsnacht mit großer Furcht entgegen, denn er war auch physisch nicht in der Lage, die Ehe zu vollziehen, da er an einer angeborenen Phimose litt.

Die junge Marie, die gegen ihren Willen nach Neapel verheiratet worden war, bedauerte die Situation kaum, denn Franz, der schon bald seinem Vater auf den Thron nachfolgen sollte, war keineswegs ein Traummann. Sie akzeptierte, dass er lieber auf den Knien vor dem Altar als bei ihr wie ein Bruder im Bett lag. Franz und Marie hatten sich arrangiert, und als die politische Situation durch das Vordringen der Truppen Garibaldis im italienischen Einigungskrieg brenzlig wurde, beschloss das Königspaar, Neapel zu verlassen, wobei der König nicht Gold und Geld einpackte, sondern die wichtigsten Reliquien von Heiligen, während die Königin Pistolen und Gewehre orderte, die sie in die Festung Gaeta bringen ließ, wo entscheidende Kämpfe stattfanden. Wahrscheinlich hielt sich König Franz II. die Ohren zu und erbebte bei jedem Schuss, der auf die feindlichen Truppen abgefeuert wurde. Seine Gemahlin hingegen stand mit dem Gewehr in der Hand auf den Mauern der Festung und schoss furchtlos inmitten der Soldaten von den Zinnen der Festung auf die Angreifer und riss durch ihren Mut die kampfesmüden Soldaten mit, die sich allerdings später doch ergeben mussten.

Das Gerücht von der wie eine Megäre kämpfenden Königin hatte sich auch bei den Feinden wie ein Lauffeuer verbreitet. Aber auch bis Wien war die Kunde vorgedrungen, dass es der Tapferkeit der Königin zu verdanken war, dass Cavour dem Königspaar freies Geleit beim Abzug zusicherte. Sisi war stolz auf Marie, die seit diesen Tagen den Titel einer »Heldin von Gaeta« trug.

17. Warum platzte die Hochzeit von Sisis Schwester Sophie mit König Ludwig II.?

Auch diese Schwester Elisabeths hätte Chancen gehabt, auf einem Königsthron zu sitzen, wäre der Bräutigam an dem schönen Mädchen interessiert gewesen. Doch König Ludwig II. von Bayern zog es eher zu feschen Stallburschen hin als zu Sisis Schwester, um deren Hand er auf Drängen seines Hofstaates angehalten hatte. Denn schließlich konnte der attraktive König von Bayern nicht ewig unbeweibt bleiben, seine homoerotischen Neigungen wollte man entweder nicht wahrhaben oder verschwieg sie dezent. Als Ludwig um die schöne Sophie freite, war die Freude in der Possenhofener Familie groß, denn außer einer Kaiserin und einer Königin von Neapel-Sizilien sollte es nun auch eine Königin von Bayern geben. Da aber Ludwig, der seine Braut in wagnerianischer Manier »Elsa« nannte, da ihm Sophie auf seinen Wunsch hin Wagner-Arien vorsingen musste, den Hochzeitstermin immer wieder verschob, wurde der Brautvater einigermaßen unruhig. Auch Sisi, die zurate gezogen wurde, konnte das merkwürdige Verhalten des »falschen Cousins« kaum verstehen.

Herzog Max zog einen dicken Strich unter die leidige Angelegenheit, sodass die Verlobung in beiderseitigem Einvernehmen gelöst wurde. Die schöne Sophie musste nicht allzu lang auf einen wirklichen Verehrer warten, der Herzog von Alençon machte ihr einen Heiratsantrag, den sie annahm, obwohl sie eigentlich unsterblich in den Sohn des Fotografen Edgar Hanfstaengl verliebt war. Genau wie ihre Schwester Elisabeth fühlte sich die junge Frau einsam und unverstanden, weshalb man annehmen kann, dass dieser Hang zur Melancholie in der Familie lag. Sie fühlte sich nirgendwo zu Hause, hatte aber nicht die Möglichkeit wie ihre kaiserliche Schwester, allem und jedem zu entfliehen.

Ihr Gemahl versuchte vergeblich, Sophie zu einem geordneten Leben zu überreden, er stand auf verlorenem Posten. Zum vorübergehenden Bruch zwischen beiden, aber auch mit der Familie kam es, als sich Sophie Hals über Kopf in einen Münchner Arzt namens Glaser verliebte, mit dem sie fliehen wollte. Die beiden Liebenden hatten keine Chance. Auch nach Absprache und im Einverständnis mit Sisi wurde Sophie zur Heilung ihres »Wahns« nach Graz in ein Irrenhaus gesteckt, wo man mit drastischen Mitteln versuchte, sie auf den Weg der Tugend zurückzuführen. Sophie resignierte. Nachdem sie sich endgültig mit ihrem Ehemann arrangiert hatte, zog sie sich in Paris in ein Kloster zurück. Sie nannte sich fortan Schwester Marie Madeleine und versuchte, für ihre Sünden Buße zu tun. Als sie ein Theater besuchte, in dem ein Brand ausgebrochen war, half sie bei der Rettung der Besucher so lange mit, bis sie selber erstickte.

18. Wie war Sisis Verhältnis zu ihrem königlichen Cousin?

Eine enge Beziehung gab es sicherlich nicht zwischen beiden, da sich einerseits durch den großen Altersunterschied von 26

Jahren keine Gemeinsamkeiten ergeben konnten und andererseits die jeweiligen Interessen grundverschieden waren. Max II. Joseph war ein völlig nüchterner Mann, der sich vor allem um die politischen Belange Bayerns kümmerte und für romantische »Wolkenkraxeleien« nichts übrig hatte, wenngleich er verschiedene Dichter wie Emanuel Geibel oder August von Platen an seinen Hof zog ebenso wie die bedeutendsten Naturwissenschaftler seiner Zeit. Der König war allerdings in Bayern nicht allzu beliebt, da er sich – wie es die Münchner missbilligend ausdrückten – hauptsächlich mit »Nordlichtern« umgab und die eigenen Landsleute beinahe hintansetzte.

Allzu eng verbunden fühlten sich die beiden Linien der Wittelsbacher – »von Bayern« nannte sich die königliche und »in Bayern« die herzogliche – ohnehin nicht, obwohl gerade König Maximilian II. in den verschiedenen privaten Angelegenheiten der herzoglichen Linie ein Machtwort sprechen musste. So benötigten die Töchter und Söhne von Herzog Max in Bayern vor ihrer Verehelichung die Genehmigung des bayerischen Königs. Ein prekärer Fall allerdings ereignete sich innerhalb der Familie, als Marie, die den König von Neapel geheiratet hatte, in Augsburg ein außereheliches Kind zur Welt brachte. Hier schaltete sich der König ein und veranlasste die Rückkehr Maries zu ihrem Gatten nach Rom.

Inwieweit es Kontakte zwischen Sisi und ihrem Cousin gab, ist reine Vermutung, da die Kaiserin kaum irgendetwas über Max II. berichtete. Wahrscheinlich traf sie ab und zu dessen preußische Gemahlin am Starnberger See, da sich das Königspaar öfter auf der Roseninsel aufhielt. Marie Friederike stammte zwar aus dem hohen Norden, war aber in Bayern wesentlich beliebter als ihr beinah unzugänglicher Ehemann. Da sie, so wie Elisabeth, eine begeisterte Bergsteigerin war, ist anzunehmen, dass die beiden Damen auch nach dem frühen Tod des Königs im Jahre 1864 in Kontakt blieben.

Sisi – eine Wittelsbacher Herzogin auf Österreichs Thron

19. Kann man sich eine »Kaiserin Lisi« vorstellen?

Sicher nicht wirklich! Namen können Schicksal sein, wobei man sie mit vielen zum Teil absurden Dingen in Verbindung bringen kann.

Bedenkt man, dass der Kosename Lisi für eine Elisabeth in Bayern durchaus gebräuchlich ist, genauso wie Liesl, Lisbeth und andere abgewandelte Formen von Elisabeth, so kann man auf den Gedanken kommen, dass auch die spätere Kaiserin im Familienkreis »Lisi« genannt wurde. Verschiedene Forscher, unter ihnen Grafologen, beschäftigten sich eingehend damit, die Schriftzüge und vor allem die Unterschrift der Kaiserin zu analysieren. Dabei kamen einige zu dem Schluss, dass die junge Elisabeth einige Briefe vielleicht mit »Lisi« unterzeichnete, da das »S« tatsächlich wie ein »L« geschwungen ist.

Wie es allerdings zur Anrede »Sisi« kam, die der Kaiser schon von allem Anfang verwendete, ist nirgendwo vermerkt. Denn wenn Elisabeth auch in der Familie »Lisi« genannt wurde, was zu vermuten ist, so wandelte Franz Joseph schon bald den Namen in »Sisi« um.

Bei diesen Überlegungen taucht die Frage auf, ob man sich tatsächlich eine Kaiserin Lisi vorstellen könnte! Aber wie immer man die Sache betrachtet, Elisabeth hatte anscheinend wenig für ihren Kosenamen »Sisi« übrig, den der Kaiser in seinen Briefen verwendete, sie selbst unterschrieb ihre Briefe, wenn sie diese schon eigenhändig verfasste, stets mit »Elisabeth«, wobei auch noch in späteren Jahren ihre etwas ungelenke Handschrift auffällt. Dies ist nicht verwunderlich, da die Kaiserin keine begeisterte Briefschreiberin war. Meist musste eine ihrer Hofdamen die Schreiben an den Kaiser oder an die Kinder zu Papier bringen. Dabei war die Lust am Briefeschreiben gerade in dieser Zeit sehr verbreitet, da andere Kommunikationsmittel fehlten.

20. War Sisi eine glückliche Braut?

Franz Joseph I. galt sicherlich als der begehrteste Junggeselle seiner Zeit. Jung, fesch und noch dazu Kaiser – einen attraktiveren Schwiegersohn konnte sich so manche Dame aus hochadeligen Kreisen kaum vorstellen. Dass seine Wahl ausgerechnet auf die kleine Sisi aus Possenhofen fiel, war die gesellschaftliche Überraschung des Jahres. Denn niemand hatte mit der bayerischen Verwandtschaft gerechnet, als der Kaiser auf Brautschau ging. Die ältere Schwester Sisis, Nene, hätte man noch als zukünftige Kaiserin von Österreich akzeptiert, immerhin zeigte das Mädchen schon als Kind den nötigen Ernst – aber die 15-jährige, wenig gebildete Elisabeth konnte man sich beileibe nicht neben Franz Joseph auf dem Thron vorstellen.

Für die Mutter Ludovika war die Wahl des Kaisers zwar überraschend gekommen, aber sie war natürlich hochbeglückt, Franz Joseph als Schwiegersohn zu bekommen. Der Vater allerdings betrachtete die Sache eher skeptisch. Sisi war noch so jung und würde es daher am Wiener Kaiserhof nicht leicht haben. Aber die Heirat war nun einmal abgemacht und nun musste man versuchen, aus der kleinen Sisi möglichst schnell eine wahre Kaiserbraut zu machen. Beinah rund um die Uhr gaben sich die Instruktoren die Klinke in die Hand, Tanzmeister überließen das ermüdete Mädchen den Sprachlehrern, daneben hatte man einen gebürtigen Ungarn, Graf Mailath, engagiert, der der Herzogstochter einen Einblick in die Geschichte des Habsburgerreiches geben sollte, wobei es natürlich für das völlig unbedarfte Mädchen schwierig war, die komplizierten Zusammenhänge zu verstehen und sich alles zu merken. Dass die Freiheit, in der Sisi bisher gelebt hatte, von einem Tag auf den anderen rigoros beschnitten wurde, war kein Geheimnis. Für sie als Braut galten andere Gesetze als die bisher gewohnten. Es war daher kein Wunder, dass sich Sisi schon bald überfordert fühlte. Alles war in Ischl so schnell gegangen, obwohl es ihr auch gefallen hatte, dass der fesche junge Kaiser sich in sie verliebt hatte. Jetzt aber, in den Monaten vor der Hochzeit, kamen bei ihr Zweifel auf, ob sie wirklich all dies erfüllen konnte, was man von ihr erwartete. Von Woche zu Woche nahm ihre Heiterkeit ab, sie begann sich zurückzuziehen, ab und zu wirkte sie auf ihre Umgebung geradezu weinerlich. Und obwohl Franz Joseph versuchte, durch Geschenke seine kleine Braut aufzuheitern, schien das Los der erst 15-jährigen Sisi keineswegs beneidenswert zu sein!

21. Brachte Sisi viel Geld in die Ehe?

Hatten die Habsburger über Jahrhunderte eine Fülle von Macht, so besaßen sie doch eines nicht: genügend Geld. Daher wäre es sicherlich wünschenswert gewesen, hätte sich der junge fesche Kaiser eine reiche Braut gesucht. Da aber Gott Amor mit seinem Pfeil ausgerechnet auf die kleine Sisi gezielt hatte, die aus einem eher unwichtigen Adelshaus stammte, musste sich Franz Joseph darauf einstellen, dass auch die Mitgift seiner Auserwählten bescheiden sein würde. Und so war es auch! Obwohl sich Herzog Max in Bayern keineswegs knauserig zeigte, blieben seine finanziellen Möglichkeiten doch sehr beschränkt, sodass seine Tochter keineswegs einer betuchten Braut glich.

Die Liste der Gegenstände, die sich im »Trousseau« befanden, wie man die gesamte Mitgift bezeichnete, ist erhalten geblieben und gibt Einblick in das Heiratsgut. Erstaunlich ist dabei, dass Sisi eine große Anzahl von Schmuckstücken im Wert von 100.000 Gulden mit in die Ehe brachte.

Auch bei der Garderobe seiner Tochter hatte das Herzogspaar in Bayern nicht gespart. Sisi sollte von allem Anfang an eine elegante junge Frau sein, weshalb sie durch exklusive Kleidung auffallen sollte, wie durch einen blauen Samtmantel, der mit wertvollem Zobel besetzt war. Daneben fanden sich im Trousseau vier Ballkleider, 17 sogenannte »Putzkleider« aus modernen Seidenstoffen, natürlich auch das aufwendige, für eine 16-jährige Braut viel zu protzige Brautkleid, in Silber gehalten mit Mantel, 14 Seiden- und Sommerkleider, vielfach mit bunten Blumenmotiven.

Viele Dinge, die zur Verschönerung der jungen Kaiserin dienten, wurden in großen Reisekoffern von München nach Wien gebracht. Hüte in jeder Form und Größe, aufgeputzt mit teilweise skurrilen Accessoires, füllten die Hutschachteln, allein zwölf Dutzend bestickte und mit Spitzen versehene Hemden mussten in aller Eile angeschafft werden, drei Dutzend Nachthemden, 14 Dutzend Seidenstrümpfe, sechs Dutzend Unterröcke, fünf Dutzend »Beinkleider« und drei Badehemdchen, um nur einen Teil der persönlichen Gegenstände zu nennen, die der Kaiserin in Wien zur Verfügung standen.

Natürlich hatte man auch bei den Schuhen reichlich vorgesorgt, allein 113 Paar Schuhe aus kostbarem Material, teilweise aus Samt und Seide, zeigten, dass man der jungen Frau keine allzu großen Fußmärsche zutraute. Sisi muss zunächst von all den eleganten Dingen sehr beeindruckt gewesen sein. In Wien allerdings zeigte man sich skeptisch, denn selbst der verliebte Kaiser schrieb im Oktober an seine »liebe Mama«: »Mit dem Trousseau geht es, scheint mir, nicht recht vorwärts ...«

Elisabeth brachte dem österreichischen Kaiserhaus keineswegs den erhofften finanziellen Reichtum, im Gegenteil: Es sollte sich zeigen, dass ihre Vergnügungen den Kaiser und den Staat Unsummen kosteten.

22. War Sisi reif für die Ehe?

Was niemand für möglich gehalten hatte, ereignete sich in Ischl im Salzkammergut: Der junge Kaiser von Österreich hatte hier seine Traumfrau gefunden. Nicht Helene hieß das Mädchen seiner Wahl, sondern Elisabeth! Sie kam, Franz Joseph sah und – war verliebt!

Wahrscheinlich war Elisabeth nicht nur überrascht, als Kaiser Franz Joseph ihr einen Heiratsantrag machte, sondern vor allem völlig überfordert. Denn mit ihren 15 Jahren konnte sie nicht abschätzen, was in Zukunft auf sie zukam.

Wenn man die beinahe märchenhafte Geschichte aus heutiger Sicht analysiert, so kommt man zu dem Schluss, dass das Mädchen geradezu in der Falle saß, aus der es kein Entrinnen gab. Denn wie es so schön im Sissi-Film von Ernst Marischka heißt: »Einem Kaiser gibt man keinen Korb!« Ob Sisis Mutter Ludovika dies tatsächlich so ausgesprochen oder ob der Drehbuchautor des Filmemachers den Satz gut erfunden hat, ist heute nicht mehr nachweisbar. Immerhin galt Franz Joseph als der begehrteste Junggeselle seiner Zeit, dem die schönsten Mädchen zu Füßen lagen. Bis jetzt hatte er sich nicht entschließen können, einer seiner Verehrerinnen die Hand fürs Leben zu reichen, wobei seine Mutter, Erzherzogin Sophie, natürlich ein kräftiges Wörtchen mitgeredet hatte.

Aus diesem Grund war der junge Kaiser in halb Europa auf Brautschau gegangen, schließlich sollte die zukünftige Kaiserin von Österreich bestimmte Kriterien von vornherein erfüllen: In erster Linie musste sie katholisch sein, da die Habsburger mit einer einzigen Ausnahme bisher nur katholische Prinzessinnen zum Traualtar geführt hatten, außerdem sollte sie aus einer ebenbürtigen Familie stammen. Und da der junge Kaiser bisher seine Gunst lediglich attraktiven Damen der Gesellschaft geschenkt hatte, legte er zudem größten Wert auf ein ansprechendes Äußeres.

Was den Glauben betraf, ergaben sich für den jungen Kaiser schon erhebliche Schwierigkeiten, da die meisten der infrage kommenden Prinzessinnen protestantisch getauft waren und damit nicht mehr zur Wahl standen. Und diejenigen, die standesgemäß und im Alter zu Franz Joseph gepasst hätten, waren dem jungen Kaiser viel zu hässlich.

Daher war es für Franz Joseph geradezu eine Sternstunde, als seine Tante Ludovika mit ihren beiden schönen Töchtern in Ischl erschien, wo sein Geburtstag gefeiert werden sollte. Seine Mutter Sophie hatte die Schwester mit ihrer ältesten Tochter zu dieser Feier eingeladen, mit dem Hintergedanken, dass Franz Joseph Gefallen an Nene finden würde, denn in der streng religiösen, ernsten Nene sah die Kaisermutter die ideale Schwiegertochter. Ihre Überraschung war groß, als sie erfuhr, dass auch Nenes jüngere Schwester Sisi in Ischl eingetroffen war.

Dass alles ganz anders kam als geplant, dafür konnte Franz Joseph nur Gott Amor und seine Jugend verantwortlich machen. Denn nur wenn man jung ist und von der Liebe wie vom Blitz getroffen wird, entscheidet man so spontan, ganz ungewöhnlich für den sonst überlegt handelnden Kaiser von Österreich. Er setzte sich über den Rat seiner »lieben Mama« hinweg, schlug all ihre Bedenken in den Wind und erwählte unvermittelt die nur 15 Jahre alte Sisi, ein halbes Kind, wie sich bald herausstellen sollte.

Sisi hatte keine Wahl! Ihr erging es nicht anders als so vielen Mädchen früherer Zeiten, die gegen ihren eigenen Willen verheiratet wurden. Dabei konnte Elisabeth noch von Glück sprechen, denn Franz Joseph war ein attraktiver junger Mann. Wahrscheinlich wäre die Ehe der beiden glücklicher verlaufen, hätte man Sisi Zeit gegeben, sich mit der Rolle, die sie in nicht allzu ferner Zukunft zu spielen hatte, anzufreunden. Aber diese Überlegungen stellte man nicht an, vor allem nicht der bis über beide Ohren verliebte Kaiser. Weder er noch andere fragten nach dem Befinden und dem Empfinden der jungen Braut, die in einer Art Schnellsiedekurs auf ihre zukünftigen Pflichten eingeschult wurde. Anscheinend erkannte niemand, dass Sisi überfordert war. Keineswegs glücklich sah sie deshalb dem Hochzeitstag entgegen. Dazu kam, dass die jungen Mädchen im 19. Jahrhundert in keiner Weise aufgeklärt waren und sich nicht vorstellen konnten, was sich in der Hochzeitsnacht ereignen würde. Sisi hatte das Glück, dass ihr Ehemann ungewöhnlich rücksichtsvoll war und seiner jungen Frau Zeit gab, sich an das Eheleben zu gewöhnen.

Ob Sisi ihren Franz jemals liebte? Vielleicht war sie in ihn vorübergehend verliebt gewesen, aber eine wirkliche Liebe zu ihm vermochte sie wahrscheinlich nie zu entwickeln. Vielleicht spielte bei ihr die Angst vor weiteren Schwangerschaften eine entscheidende Rolle, dass sie jahrelang das Ehebett mied und ihren Mann allein ließ. Immerhin war Sisi mit 20 Jahren bereits dreifache Mutter. Und es war nicht schwer, auszurechnen, wie dies mit dem Kindersegen weitergehen würde. Erst als sie in ihrer Euphorie für Ungarn dem ungarischen Volk einen König schenken wollte, nahm sie die ehelichen Beziehungen zu ihrem Gemahl wieder auf. Ihre Enttäuschung war zwar groß, als kein Sohn, sondern eine Tochter zur Welt kam, aber das »ungarische Kind« blieb ein Leben lang ihr Liebling.

23. Wie empfand Sisi ihre Hochzeit in Wien?

Die ersten Tage nach ihrer Ankunft in Wien mussten für die inzwischen 16-jährige Sisi geradezu ein Albtraum gewesen sein, der aus endlosen Empfängen, die mit stundenlangem Umkleiden verbunden waren, bestand. Denn allein das Vorstellen der Mitglieder der Kaiserfamilie in Schönbrunn dauerte eine kleine Ewigkeit, weil es neben den Brüdern des Bräutigams noch weitere 15 Erzherzöge gab, die alle irgendwie mit Franz Joseph verwandt waren. Und da auch von Sisis Possenhofener Familie jeder mit jedem bekannt gemacht wurde, war die junge Braut bald völlig erschöpft. Dabei stand ihr der schönste Tag des Lebens bevor, die Hochzeit in der Augustinerkirche, die mit großem Pomp gefeiert werden sollte.

Sisi hatte sich in ihren Jungmädchenträumen wahrscheinlich alles so ganz anders vorgestellt. Sie konnte nicht ahnen, was es bedeutete, den Kaiser von Österreich zu heiraten, einen feschen, sympathischen jungen Mann, der aber fest in den Traditionen des Spanischen Hofzeremoniells verankert war. »Wenn er doch nur ein Schneider wäre!«, soll Sisi beinah verzweifelt gemeint haben, als sie merkte, wie wenig Freiraum sie in Zukunft haben würde.

In Wien war die Hochzeit des hohen Paares eine Sensation. Die Straßen und Plätze waren schwarz vor Schaulustigen, keiner wollte den Einzug der festlich gekleideten strahlenden Braut versäumen. Aber Elisabeth enttäuschte die Wiener schon damals. Eine müde, weinende Sisi, die aus der Festkarosse winkte, hatten die Leute wirklich nicht erwartet!

Alles, was Rang und Namen in der großen Donaumonarchie hatte, war in die Augustinerkirche gekommen, um der feierlichen Trauung beizuwohnen. Nach der stundenlangen Brautmesse begab sich das frisch getraute Paar in die Hofburg, wo die Vorstellung einer unabsehbaren Zahl von Gratulanten erfolgte. Für Sisi eine Qual, der sie schon bald nicht mehr gewachsen schien, denn sie flüchtete in ein Nebenzimmer und konnte nur mit Mühe dazu überredet werden, an den Audienzen wieder teilzunehmen. Vor allem empfand sie es als junger Mensch geradezu als Peinlichkeit, dass alte Damen, dem Spanischen Hofzeremoniell entsprechend, vor ihr auf die Knie fielen. Auch war es ihr nicht erlaubt, ihre beiden Cousinen Adelgunde und Hildegard zu umarmen, sie durften sich nur zum Handkuss nähern.

Als sich die beiden überanstrengten Eheleute endlich zurückzogen und Ludovika die Braut und Sophie den Bräutigam ins gemeinsame Schlafzimmer begleiteten, verwunderte es wahrscheinlich keinen der lauschenden Spione, dass der rücksichtsvolle Kaiser nicht sofort seine ehelichen Rechte von der todmüden Braut forderte. Es gab schließlich noch andere Nächte!

24. Wie verlebte Sisi die Flitterwochen?

Zunächst hauptsächlich allein, denn ihr junger Ehemann ließ sich aufgrund seines anerzogenen Pflichtbewusstseins nicht davon abhalten, auch unmittelbar nach den Festlichkeiten, die sich an die Hochzeit anschlossen, seinen Amtsgeschäften nachzugehen. In aller Herrgottsfrühe verließ er seine Frau und kehrte erst um 18 Uhr nach Laxenburg zurück, wo ihn Sisi, wie man sich denken kann, sehnsüchtig erwartete.

Warum der Kaiser ausgerechnet das düstere Schloss Laxenburg für die ersten Ehemonate ausgewählt hatte, lässt sich nicht leicht erklären, denn hier lebte Sisi buchstäblich wie im Exil, nachdem ihre Mutter und die Geschwister nach Bayern zurückgekehrt waren. Nur die Schwiegermutter war in Laxenburg anwesend, die wahrscheinlich im Auftrag von Franz Joseph Sisi mit den Aufgaben einer Kaiserin vertraut machen sollte. Wenn man die sehnsüchtigen traurigen Gedichte der jungen Kaiserin liest, kann man sich vorstellen, dass Sisi alles andere als glücklich in ihrer neuen Umgebung war. Wie hätte sie sich auch wohlfühlen können? Ohne Gesellschaft, die ihr zusagte, sie, die bisher im Kreis ihrer zahlreichen Geschwister gelebt hatte, ohne geeignete Ansprechpartner und ohne ihren jungen Ehemann, der sie vergötterte und den sie auf ihre Jungmädchenart liebte. Sie kam sich in den ersten Wochen ihrer Ehe wie ein Vogel im goldenen Käfig vor, der keine Chance hatte, der Luxusvoliere zu entkommen.

Auch die erste Reise während ihrer Flitterwochen nach Böhmen und Mähren war für sie eine außerordentliche Belastung.

Obwohl das Volk in diesen Kronländern der jungen Landesmutter zujubelte, merkte sie doch unterschwellig die Arroganz der alten Adelsfamilien, die die Nase über die kleine Herzogin rümpften, die nun Königin von Böhmen sein sollte.

Franz Joseph versuchte, so gut er konnte und so wie er es verstand, auf die Wünsche seiner geliebten »Engels-Sisi« einzugehen, konnte aber dennoch nicht verhindern, dass die psychischen Probleme, mit denen Elisabeth nicht fertigwurde, ihre Gesundheit beeinträchtigten.

Aus dem blühenden jungen Mädchen, das Franz Joseph in Ischl kennengelernt hatte, wurde in kurzer Zeit eine kränkliche junge Frau.

25. Kam Sisi mit dem Spanischen Hofzeremoniell zurecht?

Überhaupt nicht! Denn es war für ein 16-jähriges Mädchen, das bisher in Freiheit aufgewachsen war, einfach unverständlich, wie steif und unnahbar die Menschen in ihrer Umgebung sich verhielten und auch handelten, wenn es nur den traditionellen Vorschriften entsprach. Die junge Frau fiel aus allen Wolken, als die ältesten Hofdamen vor ihr in einem tiefen Knicks beinahe auf die Knie fielen.

Sisi kam in diese Welt, die ihr ein Leben lang fremd bleiben sollte, ohne vorherige Warnung, ja es gab für sie nicht die kleinste Einführung in die Sitten und Gebräuche, die durch das jahrhundertealte Hofzeremoniell entstanden waren. Sie hätte eine völlig andere Natur haben oder um Jahre älter sein müssen, um die Verhältnisse am Kaiserhof nur einigermaßen durchschauen zu können. Und Franz Joseph, der immer wieder betonte, wie sehr er seine schöne Frau liebte, war nicht fähig, Sisi in das unvermeidliche Spanische Hofzeremoniell einzuführen. Er vertraute auf die »liebe Mama« und war viel zu sehr mit seinen Akten beschäftigt, als dass er sich Gedanken machen wollte, wie seine junge Frau mit der Umstellung von einem Leben in Freiheit auf ein strenges Reglement in ihrem Tagesablauf zurechtkommen würde. Er ahnte nicht oder konnte sich wahrscheinlich gar nicht vorstellen, dass Sisi in jeder Hinsicht in den ersten Jahren ihrer Ehe mit dem Zwang überfordert war, den man auf sie ausübte.

Sisi wäre zwar in ihrem Alter noch form- und beeinflussbar gewesen, aber die Unterschiede in den Lebensformen von einst und jetzt waren für die junge Frau zu gravierend, als dass sie diese widerstandslos hinnehmen konnte. Dass beinharte Politik hinter den für Sisi sinnlos erscheinenden Zeremonien stand, das konnte die junge Frau einfach nicht erkennen. Denn die angeschlagene Vormachtstellung der Habsburger sollte durch die revitalisierten höfischen Umgangsformen neu gefestigt werden.

Schon bei der Hochzeit wurde Sisi gleichsam ins kalte Wasser geworfen, in dem sie, wenn schon nicht ums Leben, so doch um ihre Freiheit rang. Der Schock war tief und lebenslang!

Elisabeth kämpfte lange Zeit, um ihre Vorstellungen von einem menschlichen Leben am Kaiserhof zu verwirklichen, oder setzte sich einfach über das Protokoll hinweg. So verließ sie eines Tages, nur von einer Zofe begleitet, die Hofburg, um am Kohlmarkt Einkäufe zu tätigen. Es dauerte nicht lange, da hatte man Sisi erkannt, die Menschenmenge umjubelte die schöne junge Kaiserin, für den Hof aber grenzte Sisis Verhalten an einen Skandal! Die Kaiserin von Österreich war zwar eine Person öffentlichen Interesses und den Untertanen verpflichtet, aber keineswegs eine Frau zum Anfassen.

26. Welche Folgen hatte Sisis Heirat für die bayerische Königsfamilie?

Bisher hatte man allgemein in Bayern den Eindruck gehabt, dass die Beziehungen zwischen den Linien der Wittelsbacher

»von Bayern« zu den Wittelsbachern »in Bayern« eher kühl waren, obwohl die Herzogin in Bayern Ludovika nicht nur eine Tochter von König Max I. Joseph, sondern auch eine Schwester des amtierenden bayerischen Königs Ludwig I. war. Aber durch die aufgezwungene Heirat mit Maximilian in Bayern, der keineswegs auf einen rühmlichen Vater verweisen konnte, war ihr Nimbus stark gesunken, denn sie hatte gleichsam als Königstochter unter ihrem Stand geheiratet. Immerhin hatte ihre Schwester Sophie dem habsburgischen Erzherzog Franz Karl die Hand fürs Leben gereicht, wodurch sie die nicht unberechtigte Aussicht hatte, einmal Kaiserin von Österreich zu werden – für die junge, blühende Frau die einzige Verlockung bei dieser Verbindung! Für Ludovika allerdings schienen die gesellschaftlichen Aufstiegschancen gering zu sein.

Aber – unverhofft kommt gar nicht so selten!

Ludovika konnte nicht ahnen, dass eine ihrer Töchter, die auf dem europäischen Heiratsmarkt gute Chancen hatten, den Kaiser von Österreich heiraten würde.

Als bekannt wurde, dass Franz Joseph um die Hand der jungen Elisabeth anhielt, stieg das Ansehen der Wittelsbacher Familie »in Bayern« von einem Tag auf den anderen. Aber nicht nur Sisi trug zum internen Aufstieg der Familie bei, auch ihre Schwestern Marie und Sophie. Denn die rührige Herzogin Ludovika hatte es zustande gebracht, dass der König von Neapel-Sizilien um die schöne Marie für seinen unattraktiven Sohn Franz warb. Somit würde es nicht nur eine Kaiserin von Österreich, sondern auch eine Königin von Neapel-Sizilien in der Familie geben.

Aber nicht genug: Auch der fesche junge König von Bayern Ludwig II. hielt auf Anraten seiner Minister um die Hand der jüngeren Schwester Sisis, um die Sophies, an. Dass aus dieser Heirat schließlich doch nichts wurde, lag nicht an dem reizenden Mädchen, sondern an den homoerotischen Neigungen Ludwigs.

Trotz der Aufwertung der Familie des Herzogs in Bayern war und blieb der »Chef« der gesamten Wittelsbacher Familien der König von Bayern. Er traf auch bei persönlichen Wünschen die letzte Entscheidung, obwohl der Kaiser von Österreich innerhalb der Familie Sitz und Stimme hatte. Als der Gemahl der Fürstin von Thurn und Taxis, der Mann von Sisis Schwester Helene, überraschend früh starb, war es nämlich nicht der König von Bayern, der die Vormundschaft über die Kinder Maximilian Antons auf seine Schwägerin Helene, die er sehr schätzte, übertrug, sondern Franz Joseph.

Sisi – die Begehrenswerte

27. War Sisi eine Stilikone?

Dass die Augen der modebewussten Damen der Monarchie nach Wien gerichtet waren und alles, was im Kaiserhaus »in« war, auch in die hintersten Winkel des Reiches berichtet wurde, war selbstverständlich. Als die junge Sisi Kaiserin wurde, konnten sich ihre Untertanen an dem reizenden jungen Mädchen kaum sattsehen. Elisabeth wurde auf Schritt und Tritt beobachtet, bewundert oder aber auch scharf kritisiert. Denn sie verhielt sich von Anfang an unkonventionell, versuchte aus dem starren Zeremoniell auszubrechen und wie ein normaler Mensch zu leben, so wie sie es von Possenhofen her gewohnt war.

Dass sie mit der Zeit und dem Bewusstsein, in der Hofburg nichts ändern zu können, zu einer exzentrischen Frau wurde, war sicherlich nicht verwunderlich, wenn man die Hintergründe betrachtet. Auch ihre Liebe zu ihrem Körper, die im Laufe der Jahre zu einer regelrechten Manie geworden war, ist dann verständlich, wenn man bedenkt, dass die Kaiserin eigentlich keine Aufgaben hatte oder sie zumindest nicht wahrnahm. Es gab im Grunde nichts, weshalb sie von aller Welt bewundert wurde, außer ihr Aussehen. Dabei entsprach sie keineswegs dem damaligen Frauentyp, der üppige Rundungen bevorzugte. Die Damen der Makartzeit zeigten viel Busen in tiefen Ausschnitten und schnürten sich ins Korsett, sodass sie sich kaum rühren konnten. Aber Bewegung war ohnedies im 19. Jahrhundert für die Frauen kein besonderes Anliegen. So war es naheliegend, dass die Damen vor der Zeit alterten, denn eine Frau von Mitte 30 galt schon als Matrone.

Sisi hingegen erschien wie eine Fee aus dem Märchen mit ihrem leichten Schritt, den eleganten Roben, in denen ihre Wespentaille so richtig zur Geltung kam, und manchmal sogar in Reithosen, in die sie sich vor jedem Ritt einnähen ließ. Und obwohl die Damen der Gesellschaft immer wieder versuchten, die Mode, die die Kaiserin kreierte, nachzumachen, gelang es ihnen meist nicht, da ihnen die Figur der Kaiserin fehlte. So gesehen war Sisi zwar eine Stilikone, die aber wenige Nachahmerinnen fand, weil diese nicht über die nötigen Voraussetzungen verfügten. Nach dem überraschenden Tod von Kronprinz Rudolf allerdings interessierte sich die Kaiserin nicht mehr für modische Dinge, sie trug als »Mater dolorosa« nur noch Schwarz.

Eines steht allerdings heutzutage fest: Sisi ist zumindest im Fernen Osten zu einer Stilikone geworden, denn viele Chinesinnen nennen sich mit zweiten Namen Sisi, nachdem sie die Sissi-Filme von Ernst Marischka zum dritten Mal gesehen haben.

28. Wer ist die Schönste im ganzen Land?

Elisabeth entwickelte im Laufe der Jahre eine ganz besondere Art von Schönheitsdenken, das heißt, sie zeigte ihre Sympathie beinahe ausschließlich wohlgestalteten Personen, wobei Rang und Bildung keine Rolle spielten. Was immer der Hintergrund dieses Verhaltens gewesen sein mag, fest steht, dass die Kaiserin schon sehr früh Beziehungen zu attraktiven Mädchen und Frauen unterhielt, was sichtliches Erstaunen bei der Hofkamarilla hervorrief. Schon nach ihrem Aufenthalt auf Madeira begann für die Kaiserin eine enge Freundschaft mit der schönen Gräfin Lily Hunyady. Auch später suchte sie ihre ungarischen Hofdamen nach ihrem Äußeren aus.

Elisabeth konnte geradezu euphorisch werden, wenn sie einem schönen Mädchen oder einer schönen Frau begegnete. So schwärmte sie in einem Brief ihrem Sohn Rudolf, der gerade einmal neun Jahre alt war, von einem zwölfjährigen Mädchen vor, das sie unterwegs getroffen hatte und von dessen Schönheit sie so fasziniert war, dass sie das verblüffte Kind sogar geküsst hatte. Wahrscheinlich wäre Rudolf beglückter gewesen, wenn die Mutter ihn umarmt hätte!

Es ist geradezu seltsam, dass eine schöne Frau ausgerechnet für andere attraktive Frauen schwärmte, obwohl es in dieser Zeit und schon vorher üblich war, Schönheitsgalerien anlegen zu lassen. Sisis Onkel König Ludwig I. von Bayern hatte seinerzeit seinen Hofmaler Stieler beauftragt, die schönsten Frauen im Königreich zu porträtieren. Die Hinwendung zu schönen Frauen lag also im Stil der Zeit. Die bayerischen Schwestern der Kaiserin waren alle ausnehmend wohlgestaltet, von auffallender Schönheit aber war Elisabeths Lieblingsschwester Marie, mit der sich Sisi oft Seite an Seite zeigte, so wie im Jahre 1868 in Budapest, wo die Schwestern wie Zwillinge gekleidet auftraten, bewundert von allen Anwesenden. Marie war auch der Star in dem Schönheitsalbum, das Elisabeth anlegen ließ, in dem sich Hunderte Fotografien schöner Frauen befanden.

In Europa war es nicht allzu schwierig, Fotos von den ansehnlichsten Damen der Gesellschaft zu bekommen. Weitaus komplizierter war es, Sisis Wunsch zu erfüllen, Bilder von Haremsdamen aus Istanbul für das Album zu finden, da sich Haremsdamen weder porträtieren noch fotografieren lassen durften. Daher war anzunehmen, dass sich auf den Bildern ganz einfach exotisch aussehende Mädchen befanden, die man für die Kaiserin in Haremskostüme gesteckt hatte.

29. Empfand Sisi Kaiserin Eugénie als Rivalin?

Zwei hochgestellte Damen erhoben in der zweiten Hälfte des 19. Jahrhunderts Anspruch auf den Titel »schönste Frau Europas«: Eine war die Kaiserin von Österreich, die andere die Kaiserin von Frankreich. Es wäre schwer oder sogar unmöglich gewesen, objektiv festzustellen, wer die jeweils andere an Schönheit übertraf. Fest steht jedoch, dass beide Damen ungewöhnlich attraktiv waren, wenn sie sich auch in ihren sonstigen Eigenschaften grundlegend unterschieden. Denn während Elisabeth völlig desinteressiert an allem war, was die Politik betraf, kümmerte sich Eugénie umso mehr um die Angelegenheiten des französischen Staates.

Nach der Tragödie von Mexiko, die Napoleon III. mitzuverantworten hatte, meldete das französische Kaiserpaar überraschenderweise einen Besuch in Österreich an. Es wurde ein Treffen in Salzburg verabredet, bei dem Napoleon und auch Eugénie Franz Joseph und Elisabeth ihr Beileid aussprechen wollten. Sisi weigerte sich zunächst, die Franzosen zu empfangen, sie schützte eine nicht vorhandene Schwangerschaft vor, immerhin war ein Monat seit der Krönung in Budapest vergangen und das Kaiserpaar hatte allem Anschein nach die ehelichen Beziehungen wieder aufgenommen. Da aber Franz Joseph nicht locker ließ, entschloss sich Sisi äußerst widerwillig, mit nach Salzburg zu reisen.

Die erste Begegnung der beiden schönen Frauen fiel entsprechend kühl aus. Wahrscheinlich musterte eine die andere heimlich aus den Augenwinkeln, um irgendeinen Makel festzustellen. Immerhin war Eugénie 13 Jahre älter als Sisi und neigte etwas zur Molligkeit. Dies war in den Augen der extrem körperorientierten Elisabeth sicherlich ein Schönheitsfehler, der aber durch die vorteilhafte Kleidung der französischen Kaiserin mehr als ausgeglichen wurde. Denn im Gegensatz zu Sisi trug Eugénie Kleider der neuesten französischen Mode, wobei die Röcke nicht mehr bodenlang waren, sondern die zierlichen Fesseln Eugénies freigaben.

Nachdem sich die beiden Damen näher kennengelernt hatten, kam es zu einem Schönheitsduell im Geheimen, das nur durch Zufall publik wurde: Graf Wilczek überraschte Sisi und Eugénie, die Maßbänder um ihre Waden geschlungen hatten, um festzustellen, welche von beiden die schlankeren Beine in den zu langen Röcken verbarg.

Auch nach dem Ende des französischen Kaiserreiches im Jahre 1871 blieb Elisabeth mit Eugénie in Kontakt. Obwohl friedliche Eintracht zwischen den beiden Damen herrschte, kam die österreichische Kaiserin Eugénie manchmal etwas merkwürdig vor. Sie schrieb über Sisi folgende Zeilen: »Es war, als ob man mit einem Gespenst zusammen fuhr, denn ihr Geist schien in einer anderen Welt zu weilen.«

30. Wer war der »schöne Gehenkte«?

Kein Geringerer als der spätere ungarische Ministerpräsident Gyula Andrássy, der schon als Revolutionär die Aufmerksamkeit Kaiser Franz Josephs auf sich gezogen hatte. Allerdings zunächst im negativen Sinne. Erst viel später, als Kaiserin Elisabeth den attraktiven Ungarn kennenlernte, änderten sich sowohl die Einstellung Andrássys den Habsburgern gegenüber als auch das Verhältnis des Kaiserhauses zu ihm.

Vorerst einmal schien Andrássy im Jahr 1848 nach der Niederschlagung der Revolution in Ungarn durch die Truppen des Kaisers sein Leben verwirkt zu haben. So wie weitere 36 Rebellen war er zum Tod verurteilt worden. Seine »Hinrichtung« wurde allerdings zur Farce, denn die rechtzeitig gewarnten Revolutionäre hatten sich längst ins Ausland abgesetzt. Trotzdem hängte der Scharfrichter schwarze Zettelchen an das Blutgerüst, auf denen die Namen der abwesenden Delinquenten vermerkt waren.

Andrássy warf so schnell die Flinte nicht ins Korn. Von Paris aus wandte er sich zuerst an den türkischen Sultan und später an England um Hilfe für Ungarn gegen die Habsburger. Es war ein politisches Debakel, das Franz Joseph veranlasste, den Magyaren die Hand zur Versöhnung zu reichen, indem er Frau und Kinder dem Schutz der Ungarn empfahl, als die Gefahr bestand, dass die preußischen Heere Wien einnehmen könnten. Für die Ungarn und vor allem für Andrássy war diese Geste der erste Schritt zum Umdenken. Dazu kam, dass er schon lange erfahren hatte, dass die schöne Kaiserin, die sein Herz im Sturm erobert hatte, den Ungarn besondere Sympathien entgegenbrachte. Er bezeichnete Sisi als die »schöne Vorsehung«, die bei jeder Gelegenheit zu erkennen gab, wie sehr sie sich zu den Ungarn hingezogen fühlte. Und vor allem zu Andrássy!

Dabei ist allerdings anzunehmen, dass die Beziehung zwischen dem »schönen Gehenkten« und der »schönen Vorsehung« auf rein platonischer Basis beruhte. Sisi war zu viel mit sich selbst und ihrer Schönheit beschäftigt, als dass sie sich auf ein gefährliches Abenteuer mit dem feurigen Ungarn eingelassen hätte. Gyula Andrássy gehörte sicher zu den Männern, die der Kaiserin sehr viel bedeuteten. Natürlich brodelte in Wien die Gerüchteküche, in der von einem Verhältnis Sisis mit dem feschen Ungarn geflüstert wurde, denn die Kaiserin zeigte den Wienern deutlich, dass sie viel lieber in Ungarn als in Österreichs Hauptstadt weilte. Andrássy war es auch, durch den Kaiser Franz Joseph allmählich von der Loyalität der Ungarn überzeugt wurde, die darin gipfelte, dass man das Kaiserpaar zu Königen von Ungarn krönte. Der Ausgleich mit Ungarn war die politische Folge der neuen Freundschaft. Als sichtbares Zeichen der endgültigen Aussöhnung mit Ungarn erhob der Kaiser Andrássy zum ungarischen Ministerpräsidenten und später zum Außenminister der Monarchie.

31. War Bay Middleton Sisis Liebhaber?

Der rothaarige kraftstrotzende Herrenreiter, der die Kaiserin auf ihren Jagdausflügen und Fuchsjagden in England und Irland begleitete, zählte sicherlich zu den Männern, die Sisi besonders nahestanden. Zwar hatte Bay Middleton, der vom irischen Vizekönig Lord Spencer als persönlicher Adjutant ausgewählt worden war, sich am Anfang geweigert, die Kaiserin von Österreich auf ihren Jagden zu betreuen, als er aber mit Sisi bekannt gemacht wurde, war es um ihn geschehen. William George Middleton verliebte sich Hals über Kopf in die bezaubernde Elisabeth und wich auf den Britischen Inseln nicht mehr von ihrer Seite. Es waren nicht nur der Charme und die Schönheit der Kaiserin, die Middleton faszinierten, auch ihre perfekten Reitkünste beeindruckten ihn zutiefst. Diese Frau konnte er auf den Parforcejagden, auf denen er sie pilotierte, über die höchsten Hecken und tiefsten Gräben führen, in kühnem Sprung nahm sie alle Hindernisse ohne die geringste Scheu. Denn das war genau das, was Elisabeth suchte: Abenteuer pur! Vielleicht wäre sie auch einem anderen Abenteuer nicht abgeneigt gewesen, wenn nicht eine beinah unüberwindliche Barriere zwischen ihnen beiden bestanden hätte, die sich allerdings auf den Britischen Inseln noch nicht so deutlich zeigte wie später bei einem Besuch Bays in Gödöllő. Aber selbst in gemütlicher Runde blieb Elisabeth die Kaiserin von Österreich, wenn sie auch für Bay lieber die kleine Sisi aus Possenhofen gewesen wäre.

Dass Elisabeth ein Verhältnis mit Middleton gehabt haben soll, ist eher unwahrscheinlich, obwohl es ein Gedicht aus ihrer Feder gab, das eine nähere Beziehung zwischen beiden nicht unbedingt ausschloss. Doch Elisabeth, die sich sicherlich in Bay verliebt hatte, war wahrscheinlich alles andere als eine leidenschaftliche Frau, die in Gefahr geriet, der männlichen Ausstrahlung ihres Piloten zu erliegen. Ihr genügten die romantischen Abendessen nach den aufregenden Jagden, bei denen sie die Anbetung Bay Middletons bei jedem Wort, mit jedem Blick spüren konnte.

Für Sisi war es eine Selbstverständlichkeit, dass sie Bay in Ungarn ihre Jagdstrecken zeigen wollte. Aber der Funke, der in England zwischen ihnen übergesprungen war, verglühte auf Schloss Gödöllő völlig. Sisi erkannte schmerzlich, dass für sie das Ende dieser Romanze gekommen war. In Lila, der Farbe der Entsagung gekleidet, verabschiedete sie den Tränen nahe den Freund, während ihre Nichte Marie Larisch »Des Sommers letzte Rose« sang.

Bay heiratete endlich seine Langzeitverlobte Charlotte Baird und brach sich wenig später bei einer Jagd das Genick.

32. Friedrich List Pacher von Theinburg – Kavalier nur für eine Faschingsnacht?

Als der elegante junge Friedrich List Pacher von Theinburg am Faschingsdienstag des Jahres 1874 die Redoute besuchte, die ausnahmsweise im Wiener Musikverein stattfand, konnte er nicht ahnen, dass er einem ganz seltsamen Abenteuer entgegenging. Denn keine Geringere als die Kaiserin von Österreich hatte ihn als ihren Kavalier für diese Ballnacht auserwählt.

Im Kostüm eines gelben Dominos war es Elisabeth möglich gewesen, zusammen mit ihrer Hofdame und Freundin Ida von Ferenczy heimlich die Hofburg zu verlassen, um sich ins Maskengewühl der Redoute zu stürzen. Die beiden Damen beschlossen, sich auf die Empore zurückzuziehen und das Maskentreiben aus der Ferne zu beobachten. Dabei fiel Sisi ein ungewöhnlich gut aussehender junger Mann auf, der scheinbar ziellos durch den Saal wandelte. In einer Augenblicklaune beschloss sie, dass dieser Mann ihr Kavalier für diesen Abend sein sollte. Da für einige Stunden Damenwahl angesagt war, forderte Ida von Ferenczy, die als roter Domino verkleidet war, den erstaunten Friedrich Pacher von Theinburg auf, mitzukommen. Seine Verwunderung wurde noch größer, als er den schlanken, hochgewachsenen gelben Domino erblickte, der ihn zum Tanz aufforderte.

Während der folgenden Stunden versuchte Pacher die Identität der schönen Dame, die sich Gabriele nannte, herauszubekommen, wobei er schon die längste Zeit den Verdacht hegte, dass er mit der Kaiserin von Österreich den Abend verbrachte.

Was blieb von dieser kuriosen Faschingsnacht? Eine überschaubare Anzahl von seltsamen Briefen, die in Elisabeths Auftrag an allen möglichen Orten aufgegeben wurden und in denen sie in schwärmerischer Jungmädchenart sich die Sehnsüchte ihres Kavaliers vorstellte und zu Papier brachte. Obwohl ihr Friedrich Pacher mitteilte, dass er geheiratet hatte und ganz in seinem Betrieb in Schönau an der Triesting aufging, konnte sich Sisi nicht vorstellen, dass er sie nicht nach wie vor heiß verehrte. Und das war etwas, das dem eher realistisch veranlagten Friedrich Pacher auf die Dauer zu viel wurde. Im Jahre 1887 schickte Elisabeth ein Gedicht über ihre gemeinsam verbrachte Faschingsnacht an Pacher, ganz im Stil des Liedes » Lang, lang ist's her«.

Obwohl Friedrich Pacher sich keineswegs mit Dichtungen beschäftigte, setzte er sich hin und verfasste ein Abschiedsgedicht »An die Unbekannte«. Der Brief mit dem Gedicht, der genauso wie alle übrigen an »Gabriele F.L. poste restante Hauptpost Wien« adressiert war, wurde nie abgeholt. Für Sisi war die Romanze endgültig zu Ende.

33. Entsprangen die erotischen Abenteuer Sisis bloß ihrer Fantasie?

Obwohl die Kaiserin mit zunehmendem Alter ihre Schönheit vorzeitig eingebüßt hatte, mangelte es ihr nicht an Anbetern, was insofern verständlich war, als Sisi, wenn sie bei Laune war, umwerfend charmant sein konnte.

Elisabeth war immerhin schon 50 Jahre alt, als sie von einem Verehrer aus Sachsen namens Alfred Gurniak Edler von Schreibendorf geradezu verfolgt wurde. In unzähligen Liebesbriefen gestand dieser junge Mann der Kaiserin seine Liebe und bat sie um kleine Huldbeweise. Wahrscheinlich fühlte sich Elisabeth geschmeichelt, als sie seine Briefe las, gleichzeitig aber machte sie sich über diesen Anbeter auf ihre ironisch-zynische Weise lustig. Auf alle Fälle beschäftigte sie sich mit diesem Alfred, der ihr sogar bis Rumänien nachgereist war, mehr als mit wichtigen Angelegenheiten. Aber romantisch, wie sie veranlagt war, beflügelte seine Anbetung ihre Fantasie, ihre Träume, sodass sie im Geiste ein aufregendes Abenteuer erlebte. Obwohl sie Alfred in ihren Gedichten mit Hohn überschüttete, fand sie Vergnügen daran, Alfreds Feuer für sie immer wieder aufs Neue zu entfachen, indem sie ihm kleine Gunstbeweise zukommen ließ, sodass der junge Mann glaubte, auf mehr hoffen zu können.

All dies entsprach der Mentalität der Kaiserin, die eigentlich nie erwachsen geworden war. Wie ein junges Mädchen der damaligen Zeit hielt sie ihren Anbeter auf Abstand, der aber stets das Gefühl hatte, doch noch irgendwann erhört zu werden. Aus ihren Versen, die sie auf die Romanze schmiedete, geht dies deutlich hervor:

»Besitzest du den kecken Mut,
Mich jemals zu erreichen?
Doch tödtet meine kalte Glut,
Ich tanze gern auf Leichen.«

Elisabeth trieb ein grausames Spiel mit dem armen Jüngling, der ihr zu verstehen gab, dass er sich aus verzweifelter Liebe das Leben nehmen wollte. Diese Aussage rührte die Kaiserin allerdings wenig. Obwohl sie selbst – wahrscheinlich aufgrund ihrer Leidenschaftslosigkeit – kaum die Absicht verspürt hatte, Franz Joseph untreu zu werden, hielt sie nichts von der Treue der Ehefrauen. In einem Gespräch mit ihrem griechischen Vorleser Christomanos äußerte sie sich folgendermaßen:

»Man weiß nie, warum die Frauen ihren Männern untreu werden! Die Antwort ist einfach: weil sie ihnen treu sein ›müssen‹. Dieses Gesetz fordert direkt dazu auf, weil es als Gesetz gilt. Und weiß man denn, ob der Gatte wirklich der Erwählte gewesen ist, den das Schicksal bestimmte? Die meisten Mädchen heiraten überhaupt nur aus Sehnsucht nach Freiheit. Übrigens hat die Liebe auch Flügel zum Fortfliegen.«

Sisi musste es wissen, bei ihr war die Liebe schon lange fortgeflogen!

34. Wäre Sisi ein Model des 21. Jahrhunderts gewesen?

Diese Frage lässt sich leicht beantworten, vergleicht man die Körpermaße eines heutigen Top-Models mit denen der Kaiserin von Österreich. Elisabeth wog mit einer Körpergröße von 1,72 Metern nie mehr als 50 Kilogramm. Manchmal unterschritt sie sogar dieses Fliegengewicht, wenn sie den Eindruck hatte, zu dick zu sein. Aus ihrem Schlankheitstick, den sie schon sehr bald entwickelte, wurde ein Schlankheitswahn. War sie in ihren jungen Jahren überschlank, so fand sie Kaiser Franz Joseph im Alter geradezu dürr. Auf den internationalen Laufstegen, auf denen heutzutage klapperdürre Models sich bemühen, möglichst unnatürlich zu stolzieren, wäre Sisi sicherlich ein begehrtes Model gewesen.

Sisi kämpfte selbst mit ihrer Figur gegen alles Herkömmliche, denn die Herren dieser Zeit liebten an den Damen üppige Rundungen. Und obwohl Kaiser Franz Joseph immer wieder betonte, dass auch er die mollige Katharina Schratt anziehend fand, ließ sich Sisi von ihrem selbst erdachten Schönheitsideal nicht abbringen. Der tägliche Gang zur Waage wurde für Sisi zu einer absoluten Selbstverständlichkeit, oft mehrmals am Tag schlang sie ein Maßband um ihre überschlanke Taille, daneben kontrollierte sie den Umfang ihrer Oberschenkel regelmäßig.

Je dünner Elisabeth wurde, desto besorgter zeigte sich der Kaiser. Aber für Sisi waren ständiges Fasten und »Überschlanksein« zum Selbstzweck geworden. Sogar ihre Hofdamen suchte sie nach Schlankheitskriterien aus, obwohl sie nicht verhindern konnte, dass die eine oder andere in ihren Diensten doch ein paar Kilos zulegte, trotz der vielen Bewegung, die ihnen die Kaiserin zumutete. Elisabeth bedachte dabei nicht, dass nicht jede Frau derart günstige genetische Veranlagungen hatte wie sie. Denn alle Possenhofener Familienmitglieder, mit Ausnahme ihrer Schwester Helene, waren bis ans Lebensende gertenschlank. Deshalb wäre Sisi wahrscheinlich auch ohne ihr Fastenprogramm ein Leben lang eine schlanke Frau gewesen. Viel wäre ihr und dem Kaiser erspart geblieben, hätte sie wie eine normale Frau die Mahlzeiten im Familienkreis eingenommen und das Essen genossen.

Hörte sie schon nicht auf die Bitten ihres besorgten Ehemannes, sich vernünftig zu ernähren, so schlug sie auch die Ratschläge der meisten Ärzte in den Wind. Denn niemand schien sie und ihre Ambitionen zu verstehen. Was sollten ihr da die Ärzte raten? Für Sisi war Hungern eine Art Disziplinierung, die zu einem gewissen Glücksgefühl führte. Denn nur durch Selbstüberwindung glaubte sie die Freiheit wirklich zu finden, die sie ein Leben lang suchte. Sie jagte einem psychischen Phantom nach, das ihr den erhofften inneren Frieden keineswegs bringen konnte, sondern nur noch mehr Unruhe und Rastlosigkeit.

35. War Kaiser Franz Joseph ein eifersüchtiger Ehemann?

Es wäre nur natürlich gewesen, wenn der Kaiser auf seine attraktive Ehefrau eifersüchtig gewesen wäre. Immerhin lagen die Verehrer Sisi überall, wo sie erschien, bewundernd zu Füßen. Und dies konnte Franz Joseph auf keinen Fall verborgen bleiben. Da aber Elisabeth aller Wahrscheinlichkeit nach keine leidenschaftliche Natur besaß, hätte ihr Gemahl ruhig schlafen können. Allerdings verstand es Sisi, doch ab und zu die Eifersucht ihres Mannes zu entfachen. Denn sie konnte, wenn sie merkte, dass ihr ein Kavalier besonders schöne Augen machte, ungewöhnlich charmant und liebenswürdig sein, sodass der Anbeter sich erhoffte, erhört zu werden. War Franz Joseph bei solchen Szenen in der Nähe seiner Ehefrau, machte er Sisi sicherlich Vorwürfe, vor allem auch, weil er Contenance über alles schätzte. Aber in den meisten Fällen war der Kaiser nicht Zeuge von Elisabeths Flirts, da Sisi selten in seiner Gegenwart Gäste empfing – und ohnedies meist auf Reisen war. Aber aus der Ferne gelang es ihr mit eingestreuten Bemerkungen in ihren Briefen, seine Eifersucht anzustacheln. So schrieb sie ihm beispielsweise im Jahr 1867 aus Zürich: »Noch etwas ist hier berühmt und zwar sehr saubere Studenten von jeder Nation, die Deine liebe Gemahlin sehr herzlich grüßen.« Oder ein Jahr später aus Ungarn: »Kam spät aus dem Theater, wo zu Deiner Beruhigung der schöne Bela nicht war.« Aber vielleicht war der schöne Bela ein anderes Mal in Sisis Nähe? Andererseits kannte Franz Joseph seine narzisstische Frau, die sich lediglich einen Spaß daraus machte, ihn zu necken: »Bellegarde ist angekommen. Beruhige Dich, ich kokettiere nicht mit ihm, ebenso wenig wie mit irgendjemand!«

Ob Franz Joseph, der auf seine nüchterne Art seine Sisi bis über ihren Tod hinaus liebte, wirklich an der Treue seiner Frau nicht zweifelte, als ihm Gerüchte über eine angebliche Affäre seiner Gemahlin mit Gyula Andrássy oder später mit Bay Middleton zu Ohren kamen, bleibt dahingestellt. Denn platonische Beziehungen, die Sisi liebte, waren für den nüchternen Kaiser nicht vorstellbar. Daher war er sicherlich beunruhigt, als Elisabeth 1870 aus Rom berichtete: »Mein großer Liebling hier ist Graf Malatesta. Du machst Dir keinen Begriff, was für ein netter angenehmer Mensch er ist. Wie schade, dass ich ihn Dir nicht mitbringen kann.« Oder später in einem Brief: »Vergesse nicht dem Andrássy zu sagen, dass er mit mir nach Paris kommen soll.«

Da der Kaiser die meiste Zeit seiner Ehe ohne seine Gemahlin in Wien oder Ischl verbrachte, könnte es sein, dass seine anfängliche Eifersucht sich mit der Zeit gelegt hatte, immerhin hatte auch er eine charmante Begleiterin in Katharina Schratt.

36. War Sisi die große Liebe König Ludwigs II.?

Sie wären wirklich ein vollendetes Paar gewesen, das in einem Hollywoodfilm Aufsehen erregt hätte: die schönste Frau Europas und der bayerische Märchenprinz – Sisi und Ludwig II.! Doch es sollte aus vielerlei Gründen nicht so sein, wie es sich vor allem vielleicht die Bayern gewünscht hätten. Sisi heiratete im zarten Alter von 16 Jahren den Kaiser von Österreich, Ludwig war zu diesem Zeitpunkt erst acht Jahre alt. Aber schon als Knabe blickte der Prinz, wenn er zu Besuch in Possenhofen war oder Sisi auf der Roseninsel im Starnberger See weilte, mit bewundernden Blicken auf die schöne »Cousine«, die sie eigentlich nicht war. Der Großcousin Ludwigs war Sisis Sohn Rudolf. Je älter Ludwig wurde, desto intensiver wurde seine Schwärmerei für Elisabeth, die für ihn so unerreichbar fern war. Vielleicht war dies das Phänomen, das Ludwig in Bann schlug: Die Angebetete, die er nie besitzen konnte oder wollte, dies war es, was Ludwig suchte, keine Frau aus Fleisch und Blut, die er in den Armen halten konnte, sondern ein Phantom, das er verehren durfte.

Wann sich seine homoerotischen Neigungen bemerkbar machten, ist nicht genau bekannt. Diese hinderten ihn aber nicht daran, weiterhin Sisi anzubeten und ihre Nähe zu suchen. So konnte es vorkommen, dass der König alles stehen und liegen ließ, wenn er davon in Kenntnis gesetzt wurde, dass Elisabeth am Starnberger See eingetroffen war. So schnell wie möglich eilte er nach Possenhofen, meist in der Nacht, um der Angebeteten seine Aufwartung zu machen. Da er an Konversation wenig interessiert und auch Elisabeth nicht gerade redselig war, saßen sich die beiden stundenlang schweigend gegenüber, bis Ludwig so schnell verschwand, wie er gekommen war.

Wenn Sisi den »Cousin« auch manchmal eigentümlich fand und an seinem Verstand zweifelte, so fühlte die »Möwe« doch eine gewisse Seelenverwandtschaft mit dem »Adler«, wie sie sich und ihn in ihren Gedichten nannte. Sie akzeptierte sein exaltiertes Verhalten, da sie selber völlig unkonventionell dachte und handelte.

Als Ludwig allerdings die Verlobung mit ihrer Schwester Sophie löste, kam es auch zwischen Ludwig und Sisi zu einer vorübergehenden Verstimmung, wobei es Elisabeth geschmeichelt haben musste, dass Ludwig durchblicken ließ, dass er sich – wäre Sisi an Sophies Stelle gewesen – niemals von ihr getrennt hätte. Denn sie war und blieb die einzige Frau seines Herzens!

37. Wie verhielt sich Sisi beim Tod des »Märchenkönigs«?

Sisi weilte gerade in Bayern, als sie die Nachricht erreichte, dass König Ludwig II. von Bayern im Starnberger See den Tod gefunden hatte, wobei die vermutlichen Umstände, wie Ludwig ums Leben gekommen war, erst nach einiger Zeit bekannt gegeben wurden. Dass Ludwig im knietiefen Wasser ertrunken sein sollte, war für Sisi unvorstellbar. Denn in früheren Jahren waren sie beide oft und lang im Starnberger See geschwommen, ja manchmal hatten sie sogar den Plan gehabt, den ganzen See zu überqueren. Und Schwimmen verlernt man bekanntlich nicht, wenn auch der Bayernkönig im Laufe der Jahre alles andere als ein trainierter Sportler war. Aus dem einst schönen Märchenprinzen war ein aufgedunsener Koloss geworden, der beinah ständig unter Alkohol stehend längst nicht mehr fähig war, die Staatsgeschäfte zu führen, sodass man sich endlich vonseiten der Minister dazu durchgerungen hatte, den König abzusetzen.

Dieses Unterfangen erwies sich als schwierig, denn der »Kini« hatte in der Bevölkerung als beinah legendäre Gestalt eine große Anhängerschar, sodass erst der zweite Versuch, dem König das Vertrauen zu entziehen, von Erfolg begleitet war. Nicht nur, dass Ludwig die Krone verlor, er wurde zugleich für geistig abnorm erklärt und gleichsam unter Kuratel gestellt.

Wie viel Sisi von all diesen Vorgängen erfuhr, ist nicht bekannt. Sie musste allerdings schon geahnt haben, dass der Geisteszustand Ludwigs zu denken gab, obwohl sie immer wieder versuchte, verschiedene Seltsamkeiten ihres »Cousins« als durchaus normal anzusehen. Immerhin kannte seine Verehrung für sie keine Grenzen. Sie wusste, dass sie die einzige Frau auf Gottes Erdboden war, für die Ludwig Gefühle empfand – vielleicht deshalb, weil sie für ihn unerreichbar war.

Der Tod des Bayernkönigs gibt auch heute noch zahlreiche Rätsel auf. Ein Kampf zwischen dem König und seinem Leibarzt scheint absolut unwahrscheinlich, da in einem Kräfteringen auf Leben und Tod kaum beide Kontrahenten umgekommen wären. Am Ort des Geschehens fand sich auch ein abgebrochener Regenschirm, der nicht zugeordnet werden konnte.

Am Staatsbegräbnis in München nahmen außer Tausenden von Münchnern auch Kaiser Franz Joseph, Rudolf und Sisi teil, die in ihrer Trauer um Ludwig zunächst in Ohnmacht gefallen war und sich daraufhin höchst seltsam benahm, sodass in einem Berliner Tagblatt folgende Zeilen zu lesen waren: »Das (psychische Anm. d. V.) Leiden der Kaiserin aber hatte einen plötzlichen und sehr bedenklichen Schritt nach vorwärts getan.«

Sisi – die Freundin

38. Betrog der Kaiser seine »Engels-Sisi«?

Sisi hatte nicht nur als halbes Kind geheiratet, sie war auch schon mit 20 Jahren Mutter von drei Kindern. Für die junge Frau stellte sich wahrscheinlich immer wieder dieselbe Frage: Wie sollte es mit ihr weitergehen? Würde sie eine Gebärmaschine werden wie die berühmte Maria Theresia mit ihren 16 Kindern oder die Großmutter von Franz Joseph, die zwölf Kindern das Leben geschenkt hatte? Bei jedem ehelichen Beisammensein musste sie vor Angst erstarren, wenn sie fürchtete, wieder schwanger zu werden. Sollte das in ihrem Leben so weitergehen? Elisabeth erkannte rasch, dass sie nur eine Chance hatte, halbwegs befreit zu leben, wenn sie sich langsam von ihrem Ehemann zurückzog. Dass Franz Joseph, ein junger Mann aus Fleisch und Blut, sich aber andere Damen fürs Bett aussuchen könnte, darauf kam Sisi in ihrer Naivität nicht. Deshalb war Elisabeth von ihrem Mann zutiefst enttäuscht, als sie erfuhr, dass er während ihrer Abwesenheit verschiedene Affären gehabt hatte. Natürlich ist es für keine Ehefrau eine angenehme Überraschung, wenn sie erfährt, dass der geliebte Mann sich den Freuden außerhalb des Ehebettes hingegeben hat. Sie hatte es nicht für möglich gehalten, dass der Mann, der ihr täglich seine Liebe versicherte, hinter ihrem Rücken eine Affäre mit einer polnischen Gräfin begonnen hatte, die nicht ohne Konsequenzen bleiben sollte.

Denn eines Tages wurde Sisi von schmerzhaften Schwellungen an den Ellenbogen- und Kniegelenken befallen, für die die kaiserlichen Ärzte Johann Seeburger und Josef Skoda zunächst keine Erklärung finden konnten. Ein zugezogener Arzt in der Schweiz, den die Kaiserin inkognito aufsuchte, konstatierte hingegen eindeutig eine venerische Erkrankung. Und da

Sisi niemals auf die Idee eines Seitensprunges gekommen war, konnte nur ihr eigener Ehemann sie angesteckt haben.

Wie das Gespräch der beiden Eheleute verlief, nachdem die Kaiserin diese Diagnose erfahren hatte, ist nicht bekannt. Für Sisi jedenfalls war eine Welt zusammengebrochen. In ihrer grenzenlosen Enttäuschung fiel sie von einer Krankheit in die andere, die wahrscheinlich psychische Ursachen hatten. Die blühende Frau magerte ab und litt an hysterischen Weinkrämpfen.

Franz Joseph hatte durch diese Affäre, die für ihn sicherlich nicht mehr als ein sexuelles Abenteuer bedeutete, die Liebe seiner Frau verloren, die er nie wieder zurückgewinnen sollte, auch wenn er ihr immer wieder seine ungeteilte Liebe versicherte. Selbst der kurze Liebesfrühling nach dem Ausgleich mit Ungarn konnte ihn nicht darüber hinwegtäuschen, dass seine schöne Frau nichts mehr für ihn empfand.

39. Wusste Sisi von der langjährigen Beziehung ihres Mannes zu Anna Nahowski?

Als Kaiser Franz Joseph die Affäre mit der jungen Anna Nahowski begann, hatte Sisi schon längst jegliches Interesse an ihrem Gemahl verloren. Vieles hatte dazu beigetragen, dass die Kaiserin es vorzog, in die weite Welt zu reisen, anstatt ihre ehelichen Pflichten zu erfüllen. Daher konnte es für sie kein Geheimnis sein, dass ihr Ehemann sein Vergnügen bei der einen oder anderen Dame suchte und fand. Dabei kam es dem Kaiser keineswegs auf Stand und Ansehen an, ihm waren kurzfristige Abenteuer, die nicht immer ohne Folgen blieben, lieber als heftige Liebschaften. So ist es erklärlich, dass heute noch der eine oder andere in der Kette seiner Ahnen eine Lücke findet, die kaum zu schließen ist, da sich in den kaiserlichen Annalen keine Eintragung über die Vaterschaft des Kaisers findet. Die Beziehung zu Anna Nahowski allerdings dauerte 14 Jahre.

Das Mädchen war, als sie den Kaiser kennenlernte, keineswegs ein unbeschriebenes Blatt. Im zarten Alter von 15 Jahren war sie mit einem Seidenwarenfabrikanten verheiratet worden, wodurch sie versorgt zu sein schien. Es stellte sich aber bald heraus, dass Johann Heuduck ein Säufer und Spieler war, sodass die junge Frau ihr Leben selbst in die Hand nehmen musste. Das Schicksal führte sie in die Arme des Kaisers von Österreich, für den sie fast noch zu nächtlicher Stunde aus dem siebenten Wiener Gemeindebezirk beinahe jeden Tag den Weg nach Schönbrunn zurücklegte, bis ihr der kaiserliche Liebhaber den Kauf einer Villa in Schönbrunn ermöglichte.

Nachdem sich Anna von Heuduck hatte scheiden lassen und die kaiserlichen Besuche nicht ohne Folgen geblieben waren, war es notwendig, dass sich die junge Frau einen neuen Ehemann zulegte. Franz Nahowski, ein einfacher Eisenbahner, aber ein attraktiver Mann, wurde offiziell als Vater des Kindes angegeben.

Der Kaiser war ein großzügiger Liebhaber, wodurch Anna ein beinah luxuriöses Leben führen konnte. Als Franz Joseph erfuhr, dass der neue Ehemann bis über beide Ohren in Schulden steckte, übergab er Anna ein prall gefülltes Kuvert, das über 100.000 Gulden enthielt. Bedenkt man, dass ein bis zur Erschöpfung schuftender Ziegelarbeiter in der damaligen Zeit in der Woche sechs bis sieben Gulden verdiente, so kann man sich ausrechnen, was die Schäferstündchen dem einsamen Kaiser wert waren!

Als Franz Joseph durch Vermittlung Elisabeths Katharina Schratt kennenlernte, beendete er seine Affäre mit Anna Nahowski, indem er sie großzügig abfand und von ihr folgende Erklärung verlangte: »Ich bestätige hiermit, daß ich am heitigen Tag 200.000 fl (Gulden) als Geschenk von Seiner Majestät den Kaiser erhalten habe. Ferner schwöre ich, daß ich über die Begegnung mit Seiner Majestät jederzeit schweigen werde. Anna Nahowski Wien, 14. März 1889.«

Erst nach dem Tod ihrer Tochter Helene durfte Annas Tagebuch veröffentlicht werden.

40. Wie war Sisis Verhältnis zu Katharina Schratt?

Ungewöhnlich! Denn die Kaiserin war es selbst, die dem Künstler Angeli den Auftrag erteilt hatte, die Burgschauspielerin zu malen. Das Konterfei von Katharina Schratt schenkte Sisi ihrem Gemahl zum Geburtstag. Ein wahrhaft merkwürdiges Geschenk!

Aber vielleicht plagte Elisabeth in einer stillen Stunde doch ab und zu das schlechte Gewissen, ihren Mann so oft und so lange allein zu lassen, dass sie nach einer Lösung des Problems suchte. Und die hieß: Katharina Schratt!

Es war kein Wunder, dass man sich am Wiener Hof den Kopf über das seltsame Verhältnis zerbrach, das durch die Anwesenheit der »gnädigen Frau« oder der »Freundin« entstanden war, denn Katharina Schratt stand nicht nur hoch in der Gunst des Kaisers, sondern wurde auch von der Kaiserin ungewöhnlich freundlich behandelt. Flüsterte man zwar hinter vorgehaltener Hand von einem offiziellen Verhältnis des Kaisers mit der Burgschauspielerin, so entspannte sich die Angelegenheit sofort, wenn man erfuhr, dass Katharina Schratt gemeinsame Spaziergänge mit dem Kaiserpaar unternahm und Sisi durch ihre amüsanten Klatschgeschichten unterhielt. Sie versäumte es auch nicht, wo immer sie sich auch befand, am ersten März Sisi einen Veilchenstrauß überbringen zu lassen.

Offiziell wurde bei Hof von der »gnädigen Frau« gesprochen, denn auch Kaiser Franz Joseph bezeichnete Katharina Schratt so. Wie immer ihr wahres Verhältnis zum Kaiser sich gestaltete, ist bis heute Spekulation, denn Franz Joseph wies ihr Angebot, seine Geliebte zu werden, in einem Brief eindeutig zurück: »ich liebe meine Frau und will ihr Vertrauen und ihre Freundschaft für Sie nicht missbrauchen. Da ich für einen brüderlichen Freund zu alt bin, so erlauben Sie, dass ich Ihr väterlicher Freund bleibe ...«

Katharina brachte Sonne in sein Leben, der alternde Kaiser genoss sichtlich die Freundschaft, bezahlte Katharinas Spielschulden in Monte Carlo und schenkte ihr die erlesensten Schmuckstücke.

Solange Sisi lebte, stand Katharina Schratt gleichsam unter ihrem persönlichen Schutz, obwohl ein Quäntchen Eifersucht die Kaiserin anscheinend doch plagte. Denn nicht umsonst verfasste sie ein Gedicht, in dem sie die »arme dicke Schratt« bedauerte.

Das seltsame Verhältnis ihrer Eltern mit Katharina Schratt war für die Kaiserkinder kein Geheimnis. Für Kronprinz Rudolf war die »gnädige Frau« eine Unperson und auch Marie Valerie hasste die Frau, die, wie sie fand, die Ehe der Eltern zerstörte. Am 22. September 1898, kurz nach dem Tod ihrer Mutter, schrieb Marie Valerie: »Mit Angst denke ich oft an Mamas mir gegenüber oft ausgesprochenen Wunsch, wenn ich sterbe, solle Papa die Schratt heiraten.«

Diese Idee verriet Sisis Beziehung zu Katharina Schratt überdeutlich!

41. Wer war Sisis Vertraute?

Als Sisi als 16-jähriges Mädchen an den versteinerten Wiener Kaiserhof kam, war sie unendlich einsam. Denn Franz Joseph ging auch als junger Ehemann eisern seinen Pflichten nach und überließ seine junge Frau viele Stunden des Tages sich selbst. Denn die Damen, die für den Hofstaat Elisabeths abgestellt waren, wirkten auf Elisabeth wie strenge Gouvernanten. Niemand fand sich, der Sisi, die in einer bunten, lustigen Familie aufgewachsen war, das Einleben in der fremden Umgebung erleichterte. Erst elf Jahre später – Elisabeth hatte sich schon weitgehend emanzipiert – trat eine junge Frau ins Leben der Kaiserin, die von Anfang an die Sympathie Elisabeths erwarb: Ida von Ferenczy, eine ungarische Adelige, deren Aufgabe es zunächst war, die Kaiserin in die Geheimnisse der ungarischen Sprache einzuweihen.

Ida von Ferenczy war in Kecskemét in der Ungarischen Tiefebene im Jahre 1828 geboren. Als sie 1864 an den Wiener Hof kam, war die Kaiserin vom ersten Moment an vom Charme und von der Natürlichkeit Idas hingerissen. Die junge Ungarin war so ganz anders als die steifen, förmlichen Hofdamen, die sie umgaben. Bei Ida hatte Elisabeth den Eindruck, als wehte mit ihr frische Pusztaluft in die stickigen, verstaubten Räume.

Ida von Ferenczy war schon bald weit mehr als nur eine Lehrerin der ungarischen Sprache. Sie wurde zu einer echten Freundin der Kaiserin, die Elisabeth auf ihren vielen Reisen begleitete.

Ida von Ferenczy, eine schöne Frau, die die besten Partien hätte machen können, blieb aus Liebe zu Sisi unvermählt, sodass sie zu jeder Stunde abrufbar war. Elisabeth lohnte ihr den Verzicht auf ein privates Glück, indem sie ihr das Du-Wort antrug, eine einmalige Auszeichnung, die auf die enge Freundschaft der beiden Frauen hinwies. Auch der Kaiser schätzte Ida, die schon bald zu den »appartementmäßigen Damen« zählte, sehr.

Die beiden Frauen verbrachten viel Zeit miteinander, denn es gab wahrscheinlich außer Marie Valerie niemanden auf der Welt, mit dem sich Sisi so gut verstand wie mit Ida. Deshalb machte sie Ida auch zu ihrer Nachlassverwalterin, die allerdings – wohl auf Geheiß Elisabeths – viele wichtige Dokumente und Briefe verbrannte.

Der Tod der Kaiserin in Genf war für die hingebungsvolle Freundin der schwerste Schlag in ihrem Leben. Von Franz Joseph fürstlich für ihre Loyalität belohnt, zog sie sich nach

Ungarn zurück und gründete 1899 in Budapest das Königin-Elisabeth-Gedenkmuseum. Frau von Ferenczy wurde uralt, sie starb im Jahr 1928 in ihrem Geburtsort Kecskemét, wo sie auch bestattet wurde.

42. Welche Stellung nahm Sisis Leibfriseuse ein?

Waren die Hofdamen der Kaiserin manchmal bedauernswert, wenn sie ganz den Launen Sisis ausgeliefert waren, so nahm Fanny Feifalik zweifelsohne eine Sonderstellung ein. Denn nur sie war in der Lage, den Frisurenkult der Kaiserin bis ins letzte Haar zu vervollkommnen. Tagtäglich wurde das fast bodenlange Haar stundenlang gebürstet und gekämmt, um anschließend zu der berühmten Haarkrone aufgesteckt zu werden. Da Fanny Feifalik, die von Sisi engagierte Friseurin, meist nicht in der Lage war, das üppige Haar der Kaiserin zu bändigen, wurden stets ein paar Bediente engagiert, die die Feifalik unterstützen sollten. Dies war keine dankenswerte Aufgabe, da Elisabeth ungewöhnlich wütend wurde, wenn sie in den Kämmen oder Bürsten einige ihrer kostbaren Haare erblickte. So geriet das Frisieren manchmal zu einer kleinen Katastrophe, wobei die Kaiserin nicht davor zurückschreckte, selbst Fanny Feifalik zu schlagen, obwohl sie fürchten musste, dass die Friseurin sich eine andere Beschäftigung suchen könnte. Die Damen, die viel Zeit mit dem Frisieren der Kaiserin verbrachten, kamen deshalb auf die Idee, auf der Unterseite ihrer Schürzen Klebebänder anzubringen, wo sie die ausgekämmten Haare der Kaiserin aufklebten.

Fanny Angerer, wie die Feifalik vor ihrer Eheschließung hieß, war die einzige von Sisis Bediensteten, der es die Kaiserin gestattet hatte, zu heiraten. Zwar hatte Sisi alles versucht, sie umzustimmen, denn die junge Frau sollte, wie die anderen Hofdamen auch, Tag und Nacht nur für sie da sein. Aber alle

Bitten stießen bei Fanny auf taube Ohren, schließlich drohte sie der Kaiserin sogar, sich um eine andere Stelle umzusehen. Da aber Sisi auf die Frisierkunst Fannys angewiesen war, gab sie schließlich die Einwilligung zur Heirat.

Fanny Feifalik war nicht nur die Cheffriseurin der Kaiserin, Sisi benutzte sie manchmal auch als ihr Double, wenn sie von Weitem nicht erkannt werden wollte, da die junge Frau genauso schlank und ungefähr so groß wie die Kaiserin war.

Für ihre Dienste wurde die Feifalik fürstlich entlohnt, sie verdiente mehr als ein Universitätsprofessor und wurde schließlich zusammen mit ihrem Mann, der zuerst in den Hofdienst übernommen worden war, auf Veranlassung der Kaiserin in den Adelsstand erhoben. Eine außergewöhnliche Ehre für eine Friseurin!

43. Warum verstieß Sisi ihre Lieblingsnichte Marie Larisch?

Schon über Maries Geburt hingen tiefe Wolken, denn ihr Vater Herzog Ludwig in Bayern, der älteste Bruder von Kaiserin Elisabeth, hatte sich einen Sohn gewünscht. Und da ihm das Schicksal diesen verweigerte, erzog er seine kleine Tochter wie einen Buben. Marie ritt wie ein kleiner Teufel, scheute keine Gefahr und bestand so manches kühne Abenteuer. Dies gefiel nicht nur ihrem Vater, sondern auch ihrer kaiserlichen Tante. Schon sehr bald erfolgte eine Einladung an den Wiener Hof, die Marie begeistert annahm. Als sie merkte, wie umschwärmt die schöne Tante war, setzte sie alles daran, Sisi zu kopieren. Was sie als junger, unerfahrener Mensch nicht ahnen konnte, war, dass sie dadurch immer mehr in den Bann Elisabeths geriet.

Marie entwickelte sich nicht nur zu einem schönen Mädchen, sie verfügte auch über eine gehörige Portion Koketterie, wobei sie so manchem Galan wahrscheinlich nicht nur schöne Augen gemacht hatte. Was sie sich allerdings kaum vorstellen konnte, trat ein: Die geliebte Tante verheiratete sie mit dem schlesischen Grafen Georg Larisch-Moennich, der ihr in jeder Hinsicht zuwider war. Sie ahnte nicht, dass die Tante einen bestimmten Plan verfolgte: Sie ernannte Marie zur Palastdame und ihren Gemahl zum Kämmerer, sodass sie die Nichte weiterhin um sich haben konnte. Denn Sisi hatte sich innerlich so eng an Marie gebunden, dass sie ihr die Aufgabe übertrug, ihre Gedichte abzuschreiben, eine Auszeichnung, die sonst niemandem widerfuhr.

Nachdem sie nach wie vor mit der Kaiserin auf Reisen gegangen war, begann Marie eine heftige Affäre mit Henri Baltazzi, einem exzellenten Reiter, der allerdings aus einer dubiosen Familie stammte. Natürlich kamen auch ihrem Ehemann die seltsamsten Gerüchte zu Ohren, worauf er sich weigerte, für die Kosten des teuren Lebenswandels seiner Frau aufzukommen. Marie störte sich nicht daran und machte ganz einfach Schulden. Niemand anderer als ihr Cousin Kronprinz Rudolf half ihr vorübergehend aus der Patsche. Allerdings nicht ohne Gegenleistung! Marie wurde zur Vermittlerin seines Liebesabenteuers mit Mary Vetsera, das beide in den Tod führte.

Obwohl die Kaiserin von keiner Seite genaue Hinweise bekommen hatte, inwiefern ihre Nichte die Hände in diesem Trauerspiel hatte, verstieß sie Marie von einem Moment auf den anderen. Nie wieder in ihrem Leben wollte sie die Nichte sehen. So sehr Elisabeth ihre einstmals geliebte Nichte verachtete, so viel musste Franz Joseph zahlen, um Maries Schweigen zu erkaufen, da der Kaiser Skandale fürchtete. Denn Marie drohte immer wieder, intime Details aus dem Leben der Kaiserin der Öffentlichkeit preiszugeben.

Sisi – die Sportliche

44. War Sisi bewegungssüchtig?

Wenn man den Tagesablauf im Leben der Kaiserin untersucht, in dem die regelmäßige Bewegung einen breiten Raum einnahm, so kommt man zweifelsohne zu dem Schluss, dass sich Elisabeth ein Leben ohne intensive Bewegung nicht vorstellen konnte.

Von klein auf waren die Kinder von Herzog Max in Bayern gewohnt, mit dem Vater durch Wald und Flur zu streifen oder auf die Berge rund um den Starnberger See zu steigen. Dabei achtete der Vater bei den Mädchen auf einen leichten, fast schwebenden Gang, denn nichts konnte Max weniger leiden, als wenn eine elegante Frau plump durchs Leben »schlurfte« oder übertrieben stolzierte, so wie die Damen am französischen Königshof. Ein eigens engagierter »Geh-Instruktor« lehrte Elisabeth und ihren Schwestern, wie man locker und grazil schritt, aber dennoch rasch vom Fleck kam.

Nach den ersten Ehejahren am Wiener Kaiserhof, in denen die junge Kaiserin drei Kinder zur Welt brachte und in dieser Zeit bewegungsmäßig eingeschränkt war, emanzipierte sich Sisi Schritt für Schritt. Sie begann nicht nur ihr tägliches Gymnastikprogramm, sondern auch ausgedehnte Spaziergänge, die immer anstrengender wurden, je älter sie wurde. So unternahm sie zum Schrecken ihrer Hofdamen, die sie begleiten mussten, Märsche von Penzing bis nach Baden oder von München bis zum Starnberger See, wobei sie mit ihrem Gehtempo keineswegs auf ihre Damen, die meist fest ins Korsett geschnürt waren, Rücksicht nahm. Daher konnte es passieren, dass die eine oder andere auf dem Weg in Ohnmacht fiel. War Sisi, was höchst selten geschah, für einige Zeit in Wien anwesend, so konnte es vorkommen, dass erstaunte Praterbesucher die Kaiserin von Österreich bei Wind und Wetter durch die Praterhauptallee laufen sahen, nur mit einem kurzen Regenmantel und schweren Stiefeln bekleidet, beinah wie heutzutage eine Joggerin. Zwangen Schnee und Kälte Elisabeth in die Räume der Hofburg, so gab es für sie auch hier keine Ruhe. Selbst bei Audienzen ließ sie es sich nicht nehmen, auf und ab zu schreiten, während die Besucher ihre Anliegen vortrugen. Dass dies für jeden Bittsteller äußerst unangenehm gewesen sein musste, lässt sich denken, denn selbst Sisis geduldige Lieblingstochter Marie Valerie wurde ganz nervös, wenn die Mutter das Umherwandeln nicht sein lassen wollte.

Der Lebenswandel der Kaiserin lässt daher den nicht unberechtigten Schluss zu, dass sie an die tägliche Ausschüttung der Endorphine, die durch Bewegung zustande kam, so gewöhnt war, dass sie süchtig geworden war.

45. War Sisi tätowiert?

So merkwürdig dies für eine Kaiserin gewesen sein mag, aber es war so: Sisi war tätowiert! Zwar stellten Tattoos in den damaligen Adelskreisen keineswegs eine Seltenheit dar, was heute beinah Verwunderung hervorruft, bedenkt man, dass sich in unserer Zeit hauptsächlich junge Leute, vor allem Fußballfans, tätowieren lassen. Über Jahrzehnte hinweg blieb das Tätowieren hauptsächlich Seebären vorbehalten, denn bis vor Kurzem hätte sich ein distinguierter Mensch, der etwas auf sich hielt, niemals zu einem Tattoo hinreißen lassen.

Umso erstaunlicher ist die Tatsache, dass Sisis Tattoo keineswegs als provokant gegolten haben mag, obwohl es wahrscheinlich nicht unbedingt für eine Kaiserin angebracht war. Aber für Sisi galten keine Normen und keine Vorschriften. Daher ließ sie sich im Jahre 1888 in einer Hafenkneipe einen kleinen Anker auf der Schulter einritzen. Die Hintergründe für ihr

Tun kennt man nicht, vielleicht wollte sie ihre Liebe zu Wind und Wellen zum Ausdruck bringen, vielleicht aber suchte sie durch das Tattoo spirituellen Kontakt mit dem legendären Klabautermann?

Wann ihr Ehemann, Kaiser Franz Joseph, dieses Tattoo entdeckte, ist nicht bekannt. Nur von seiner Reaktion wurde berichtet, dass er keineswegs erfreut über diesen zusätzlichen, überflüssigen »Schmuck« seiner Frau war. Man kann sich vorstellen, dass es für den konservativen Kaiser kaum verständlich war, dass sich seine Gemahlin einerseits der Tortur des Tätowierens ausgesetzt hatte und andererseits so etwas als schön empfand. Aber nach der Meinung ihres Mannes fragte Sisi schon lange nicht mehr. Das, was ihm gefiel, fand in ihren Augen von vornherein keine Gnade. Außerdem interessierte sie seine Meinung absolut nicht. Erstaunlich ist nur das Alter der Kaiserin, als sie sich tätowieren ließ. Sie war im Jahr 1888 mit ihren 51 Jahren keineswegs mehr ein junges Mädchen oder eine ansehnliche Frau.

Doch die Beweggründe Elisabeths für ihre seltsamen Handlungen kannte nur sie selber, da sie niemanden wirklich ins Herz schauen ließ.

46. Wie kam Sisi zum Fechten?

Es musste sich in Heidelberg wie ein Lauffeuer nicht nur in Studentenkreisen herumgesprochen haben, dass die Kaiserin von Österreich nach einem Fechtlehrer Ausschau hielt, nachdem sie die Chargierten bei ihren Fechtübungen beobachtet hatte. Sie war von diesem »männlichen« Sport, der Wendigkeit und Schnelligkeit erforderte, so begeistert, dass sie selbst das Fechten erlernen wollte. Aber nicht nur der Sport hatte es Sisi angetan, auch das lockere Leben der Studenten beeindruckte sie. Die Kaiserin von Österreich brauchte nicht lange zu suchen, sie fand in einem gewissen Herrn Schultze den geeigneten Fechtlehrer, bei dem sie nur leicht bekleidet mit einem kurzen Röckchen die Grundbegriffe des Florettfechtens erlernte.

Elisabeth erwies sich als gelehrige Schülerin, die die Angriffe des Fechtmeisters schon bald perfekt parierte. Daher genügte ihr das Florettfechten nach kurzer Zeit nicht mehr. Sie äußerte den Wunsch, auch das Degen- und schließlich noch das Säbelfechten erlernen zu wollen, was natürlich nicht nur den Fechtmeister erstaunte. Ein Gedicht, das sie auf ihre Fechtkünste machte, zeugt davon, dass sich die Kaiserin wirklich in allen drei Fechtarten ausbilden ließ.

Lange allerdings übte sie den Fechtsport nicht aus, da sie zu der Zeit, als sie in Heidelberg weilte, schon von Gicht und Rheuma geplagt war und sich nicht mehr über längere Phasen hinweg schmerzfrei bewegen konnte. Daher hörte sie ausnahmsweise auf den Rat ihrer Ärzte und legte Florett, Degen und Säbel für immer beiseite.

47. Konnte Sisi Rad fahren?

Höchstwahrscheinlich: Ja – wobei zu bemerken ist, dass die Kaiserin erst einige Jahre vor ihrem Tod sich aufs Fahrrad wagte, einige Zeit nachdem ihre Tochter Gisela und die »Freundin« Katharina Schratt Spaß an dem neuen Sport entwickelt hatten.

Dass Damen der Gesellschaft sich auf die Hochräder setzten, galt schlichtweg als Sensation, denn die Fahrräder glichen halben Ungetümen mit dem großen Vorderrad und dem kleinen rückwärtigen. Die Balance war schwer zu halten und es grenzte beinah an eine akrobatische Leistung, auf diese Räder zu klettern und sie in Bewegung zu setzen. Die kaiserlichen Damen ließen sich aber nicht davon abhalten, diesen neuen Sport zu betreiben, wobei die Kaiserin einzig und allein daran interessiert war, ob man durch diese Bewegung abnehmen konnte. So stellte sie ihrem Ehemann die Frage, ob die gemeinsame

Freundin durch das Radeln wirklich »entfettet« worden sei. Der Kaiser stand den Aktionen seiner Lieblingsfrauen äußerst skeptisch gegenüber. Er selbst bestieg wahrscheinlich niemals so ein Bicycle, die Unfallgefahr schien ihm zu groß zu sein. Denn seine Tochter Gisela berichtete in einem Brief an ihren Vater von einem Sturz der Schratt, der böse Folgen hätte haben können, da sich Katharina am Kopf verletzte.

Nicht nur das Fahrradfahren selber war in gewisser Hinsicht problematisch, auch die Bekleidung für die Damen war alles andere als praktisch. Denn nach wie vor schrieb die Mode lange Kleider vor, was sich natürlich als ungewöhnlich hinderlich auf den Hochrädern erwies. Katharina Schratt, die auf ihren Bergtouren stets einen langen Lodenrock trug, bestieg das Vehikel in eben dieser Adjustierung. Welche Kleidung Sisi bei den Radfahrversuchen bevorzugte, ist nicht bekannt, da es nicht ein einziges Foto von der radfahrenden Kaiserin gibt. Heute weiß man nur, dass die Kaiserin erstmals im fortgeschrittenen Alter Touren mit dem Bicycle fuhr. Ob sie allerdings Spaß an diesem neuen Sport, der zu einer wahren Epidemie ausgeartet war, hatte, ist nirgendwo vermerkt. Aber für sie als »Allround-Sportlerin« stellte es sicherlich eine Herausforderung dar, wenigstens die Grundbegriffe des Fahrradfahrens zu erlernen.

48. War Sisi eine begeisterte Turnerin?

Es gab beinahe nichts, was Sisi nicht versuchte, um ihre Traumfigur zu erhalten, wobei das Turnen an Geräten regelrecht zu einer Manie wurde. Und dies in einer Zeit, in der die Damen der Gesellschaft höchstens auf dem Tanzparkett oder beim sonntäglichen Reiten in der Praterhauptallee sich etwas Bewegung verschafften. Aber Elisabeth stellte sich in allem gegen die Usancen der Zeit, sie suchte sich ihre Hobbys nach eigenem

Gutdünken aus und beachtete nicht den Wert oder Unwert ihrer Handlungen.

Es wären gegen ihre Übungen an den Turngeräten auch kaum Einwände zu finden, hätte sie nicht auch das Turnen bis ins Extrem betrieben. So befürchteten nicht nur ihre Hofdamen, dass die Kaiserin einmal vor Erschöpfung von den Ringen oder der Sprossenwand fallen könnte, auch ihre Tochter Marie Valerie äußerte sich dahingehend besorgt dem Vater gegenüber. Die Turngeräte, die die Kaiserin benützte, waren erst in der zweiten Hälfte des 19. Jahrhunderts entwickelt worden. Dr. Ludwig Seeger, ein Orthopäde, der heutzutage als Sportmediziner bezeichnet werden würde, hatte für die Geräte »Ringe« und »Sprossenwand« einzelne Übungen ausgearbeitet, die er auch zeichnerisch darstellte. Nach diesen Vorbildern und manchmal auch unter Anleitung Seegers selbst turnte die Kaiserin regelmäßig in den eigens eingerichteten Turn- oder Gymnastikzimmern. Und da Elisabeth ständig auf Reisen war und ihre Turnzeiten nicht missen wollte, wurden beinah überall, wo sie Aufenthalt nahm, Turnzimmer eingerichtet – ein Aufwand, der damals vielfach selbst in der engeren Familie Kopfschütteln erzeugte.

Wahrscheinlich hätten die täglichen Übungen tatsächlich dazu beigetragen, die teils echten und teils eingebildeten Leiden der Kaiserin zu lindern, hätte Elisabeth das Turnen nicht heillos übertrieben, wobei sie die Ermahnungen Dr. Seegers in den Wind schlug. Doch vernünftiges Turnen genügte ihr ohnehin bei Weitem nicht, denn auf das tägliche Laufen bei jedem Wetter verzichtete sie keinesfalls, sodass ihre Rast- und Ruhelosigkeit noch gesteigert wurde.

Was hätte die Kaiserin nicht alles bewirken können, wenn sie nur ab und zu einen Gedanken an andere verschwendet hätte! Sie hätte ein wirkliches Vorbild für die Frauen ihrer Zeit sein können, sie hätte zur Befreiung von auferlegten Zwängen der Gesellschaft beitragen können, zu eigenständigem Denken und schließlich zur Unabhängigkeit von ihren Ehemännern.

Aber was tat Sisi? Nichts von all dem, denn sie gehörte – wie es in dem viel gespielten Musical »Elisabeth« heißt, »nur mir«! Schade!

49. Bestieg Sisi alle Berge rund um Ischl?

Dass Sisi den Jainzen, den Hausberg hinter der Kaiservilla, am Tag mehrmals bestieg, nimmt einen nicht wunder. Für ihre Familie war es nicht überraschend, wenn man auf der Suche nach der Kaiserin war, sie kurz nach ihrem spärlichen Mittagessen, wenn andere dem »dolce far niente« frönten, sie auf dem Jainzen zu vermuten. Dies war für sie geradezu ein Verdauungsspaziergang.

Dass die Kaiserin noch andere Berge bestieg, war nichts Ungewöhnliches für sie, wohl aber außergewöhnlich in einer Zeit, in der die Damen kaum ein paar Schritte zu Fuß gingen. Allerdings war auch die gemeinsame »Freundin« Katharina Schratt eine begeisterte Hochalpinistin, die trotz ihrer eher molligen Gestalt die Anstrengungen nicht scheute, riskante Touren im Hochgebirge zu unternehmen.

Die überschlanke Kaiserin schwebte in ihren schweren Bergstiefeln geradezu über die Steine, wenn sie zusammen mit ihrer Hofdame Sarolta Mailáth, die wegen der Anstrengungen nicht nur einmal dem Zusammenbruch nahe war, zu einer Hochgebirgstour aufbrach. Der Kaiser, der höchstens ab und zu auf die Jagd ging und dabei längere Strecken zurücklegte, war voller Sorge, als seine »Engels-Sisi« ihm bekannt gab, dass sie die Absicht hatte, zusammen mit dem abgehärteten Bergführer Kriag Stefl das Höllengebirge zu überqueren. Natürlich wurden noch ein paar Bedienstete aufgefordert, mitzugehen, von denen jeder Einzelne über diesen Befehl entsetzt war, galt die Überquerung des trostlosen Höllengebirges doch als reine »Bluttour«. Aber für Sisi war es eine wirkliche Herausforderung, die sie begeistert aufgriff. In klobigen Bergschuhen ohne Socken eilte sie allen voraus und zeigte nicht die Spur von Müdigkeit, während alle anderen Teilnehmer am Rande der Erschöpfung dahinschwankten.

Die Kaiserin aber kannte kein Erbarmen. Sie lief leichtfüßig über die felsigen Pfade und gönnte den übrigen Bergsteigern weder eine Pause noch eine kräftige Jause. Selbst der bergerprobte Kriag Stefl stöhnte vor sich hin und verwünschte wahrscheinlich den lukrativen Auftrag. Wie eine Gämse kletterte die Kaiserin über Stock und Stein und war von der herrlichen Aussicht, die sich ihr allenthalben bot, hingerissen, während ihre Gefolgschaft sich nur noch mühevoll dahinschleppte und ein Ende der Qual herbeisehnte. Es war für keinen Bergführer ein reines Vergnügen, die Kaiserin von Österreich begleiten zu dürfen, meist machten auch Männer schlapp, die als hartgesotten galten, während Sisi munter dahinschwebte.

Natürlich wurde es allgemein in den Alpengebieten bekannt, dass die beiden Damen, Elisabeth und Katharina Schratt, die dem Kaiser so viel bedeuteten, begeisterte Bergsteigerinnen waren. Und da man viele Dinge, die im Kaiserhaus gang und gäbe waren, imitierte, begann man die Furcht vor den Bergen abzubauen. Denn bis dahin herrschte viel Aberglauben in der Bevölkerung der Alpentäler. Aber schon Erzherzog Johann hatte angefangen, den Bann zu brechen und den Menschen zu zeigen, dass auf den hohen Bergen keineswegs Dämonen ihr Unwesen trieben. Auch Sisi und Katharina Schratt könnte man daher als Vorreiterinnen des modernen Alpinismus betrachten. Denn gerade für die Frauen des 19. Jahrhunderts waren ihre Leistungen absolut ungewöhnlich. Warum allerdings Sisi auf dem Großglockner nur bis zu einer Stelle kam, die bis heute nach ihr benannt ist, bleibt rätselhaft.

50. Woher kam Sisis Liebe zum Zirkus?

Wer von Sisis Ahnen Zirkusblut in den Adern gehabt hatte, ist unbekannt. Fest steht allerdings, dass die Kaiserin von Österreich wahrscheinlich liebend gern Zirkusreiterin geworden wäre.

Es war in München kein Geheimnis, dass Herzog Max in Bayern sich nicht nur alle möglichen Extravaganzen leistete, sondern auch eine kleine Manege hatte bauen lassen, in der er Zirkusvorführungen veranstaltete. Er selbst stand dann wie ein echter Zirkusdirektor inmitten der Manege und knallte mit der Peitsche, um die Dressurpferde, die ihm gehörten, dem begeisterten Publikum vorzuführen. Dass sich seine Tochter Sisi für diesen Privatzirkus von klein auf begeisterte, erschien nicht verwunderlich. Und wenn der Vater ihr erlaubte, kleine Kunststücke vorzuführen, war das Kind rundum glücklich.

Natürlich war in Wien zunächst Sisis Bewegungsdrang durch die Vorschriften des Spanischen Hofzeremoniells eingeschränkt, aber je mehr sich die Kaiserin von den starren Vorschriften befreien konnte, desto intensiver wurde ihr Reitprogramm. Schon kurz nach der Hochzeit hatte zufällig der Zirkus Renz in Wien Station gemacht. Dies nahm der frisch vermählte Kaiser zum Anlass, seiner jungen Frau eine besondere Freude zu bereiten. Zusammen mit seinem Schwiegervater, der in Wien weilte, und seiner jungen Ehefrau bewunderte Franz Joseph die Darbietungen des Zirkus. Sisi war begeistert! Vor allem die Dressur der Pferde hatte sie ungewöhnlich beeindruckt, sodass sie beschloss, sobald es möglich war, mit der Familie Renz Kontakt aufzunehmen.

Elise Renz war von dem ungewöhnlichen Talent der Kaiserin überrascht. Und es ist anzunehmen, dass der Zirkus die talentierte Schülerin sofort aufgenommen hätte – ja, wäre Sisi nicht die Kaiserin von Österreich gewesen. Zu Sisis Talent kamen ungewöhnlicher Fleiß und geradezu eine Sucht nach Perfektion. Jeden kleinsten Fehler in der Haltung besserte Sisi in stundenlangem Training aus und setzte jeden Ratschlag, den ihr Elise Renz gab, präzise in die Tat um.

Natürlich wusste Elisabeth auch, dass es ihr nie vergönnt sein würde, öffentlich als Dressurreiterin in einer ihrer Privatmanegen aufzutreten, die ihr zur Verfügung standen. Denn Kaiser Franz Joseph hatte ihr als großzügiger Ehemann, der die Wünsche seiner Gemahlin stets bis ins Detail erfüllte, eine kleine Arena bei den Hofstallungen und in der Nähe der Hermesvilla errichten lassen, auch auf Schloss Gödöllő in Ungarn verfügte die Kaiserin über eine ähnliche Reitstätte, sodass Sisi, wenn sie im Lande war, ihrer stundenlangen Reitlust frönen konnte, so lange, bis sie von einem Tag auf den anderen ihren Lieblingssport aufgab.

51. Wo erlitt Sisi einen schweren Reitunfall?

Sah man Sisi zu Pferde, so hätte man fast annehmen können, dass sie auf dem Rücken eines dieser Tiere das Licht der Welt erblickt hätte. Denn von keiner Reiterin ihrer Zeit wurden so viele Geschichten erzählt wie von der Kaiserin von Österreich. Nicht nur, dass sie sich im Park von Schloss Gödöllő in Ungarn eine eigene Manege hatte anlegen lassen, wo sie auf ihren dressierten Pferden Zirkuskunststücke trainierte, sie ritt auch im freien Gelände wie der Teufel, sodass ihrem »armen Männeken«, wie sich Kaiser Franz Joseph in seinen Briefen an sie manchmal bezeichnete, das Blut in den Adern stockte, wenn seine Gemahlin in gestrecktem Galopp über meterhohe Hecken galoppierte. Aber was zu viel ist, ist manchmal wirklich zu viel! Das musste Sisi in Frankreich erleben, wo sie sich in Sassetot in der Normandie auf die Parforcejagden in England vorbereiten wollte. Obwohl der Kaiser keineswegs damit einverstanden war, dass sich seine Gemahlin wieder wochenlang fern von Wien aufhalten würde, griff er dann doch – großzügig, wie er war – in seine Privatschatulle, um Sisi diese Reise zu ermöglichen.

Das Gelände mit dem dichten Buschwerk reizte die Kaiserin sehr, denn hier zeigte sie allen, wie perfekt sie reiten konnte. Um aber noch mehr Schwierigkeiten zu meistern, ließ sie sich überall noch zusätzliche Hindernisse aufbauen, die sie in umgekehrter Reihenfolge zu überspringen suchte. Dabei passierte das Malheur. Bei einem Sprung über einen extrem hohen Oxer stürzte ihr Pferd Zouave schwer. Elisabeth schlug mit dem Kopf auf dem Boden auf und blieb bewusstlos liegen. Die entsetzten Diener riefen einen Arzt und brachten die Kaiserin ins Schloss, wo sich auf der Stirn allmählich ein faustgroßes Hämatom bildete. Elisabeth hätte sich das Genick brechen können, denn sie trug – der Mode der Zeit entsprechend – natürlich keinen Helm, sondern ein schickes Hütchen mit kessen Federn.

Als der Kaiser vom Unfall seiner Frau hörte, wollte er spontan nach Frankreich reisen, um sich vor Ort zu überzeugen, dass Sisi halbwegs wohlauf war. Aber die Beziehungen zu diesem Land waren nicht die allerbesten, sodass Franz Joseph nur die Möglichkeit gehabt hätte, inkognito seine Gemahlin aufzusuchen, was zweifelsohne nicht möglich gewesen wäre, da die Geheimdienste sehr schnell herausgefunden hätten, welcher Gast plötzlich in Sassetot auftauchte. So nahm er seiner geliebten Sisi nur das Versprechen ab, in Zukunft vorsichtiger zu sein.

52. Warum beendete Sisi ihren Lieblingssport von einem Tag auf den anderen?

Kaiserin Elisabeth war eine Frau der Extreme: Ähnlich wie sich bei ihr die Stimmungen von einem Moment auf den anderen ändern konnten, verhielt sie sich in den verschiedenen Situationen. Niemand konnte vorhersagen, welche Laune Sisi in der nächsten Stunde haben würde.

Dies belastete natürlich alle, die mit ihr zu tun hatten, sehr. Aber keiner konnte sich vorstellen, dass sie ihren Lieblingssport, das Reiten, spontan aufgeben würde, ohne jemals wieder ein Pferd zu besteigen. Jahrelang war ihr der Ruf vorausgeeilt, die beste Reiterin Europas zu sein, ja selbst in England und Irland, wo sie bei den wildesten Parforcejagden mitritt, zog man den Hut vor den Reitkünsten der Kaiserin.

Es muss vor allem für Kaiser Franz Joseph völlig überraschend gewesen sein, als ihm Sisi mitteilte, nicht mehr reiten zu wollen. Wahrscheinlich war der Kaiser in seinen Gefühlen zweigeteilt: Einerseits musste er nicht täglich um Sisi zittern, wenn er sie irgendwo auf einer Jagd vermutete, wo sie nicht nur einmal im hohen Bogen vom Pferd gefallen war, aber andererseits war dieser Sport die einzige Beschäftigung, die sie beide verband. Franz Joseph, der ein Leben lang ein bedächtiger Mensch war, ritt selber bis ins hohe Alter und hatte schon die 80 überschritten, als er dem Reiten Lebewohl sagte.

Bei Sisi, die an manchen Tagen zwei bis drei Pferde müde ritt, muss es ein Urerlebnis gewesen sein, das sie zu diesem Sinneswandel veranlasste. Zwar plagten sie schon seit längerer Zeit rheumatische Beschwerden, die sie mit allen Mitteln zu bekämpfen versuchte. Vielleicht bedrückte Elisabeth zusätzlich noch ein Ereignis, welches sie Mitte der 1870er-Jahre gehabt hatte. Als sie nämlich eine kleine Brücke ohne Geländer mit dem Pferd überqueren wollte, übersah sie ein Loch in der Brücke, in das ihr Pony trat. Um ein Haar wäre die Kaiserin seitlich vom Pferd und wahrscheinlich in den Bach gefallen, hätte nicht ein zufällig anwesender Arbeiter die Kaiserin vom Pferd gerissen.

1882 hatten sich die Angstgefühle bei Sisi verstärkt, was sie sich selber nicht erklären konnte. So berichtete sie Folgendes: »Plötzlich und ohne jeden Grund hatte ich den Mut verloren und ich, die ich noch gestern jeder Gefahr spottete, erblickte heute eine solche in jedem Busche und konnte mich von ihrem Schreckbilde nicht mehr befreien.«

Sisi – die Reisende

53. Machte Sisi dem »Fliegenden Holländer« Konkurrenz?

Man könnte auf diesen Gedanke kommen, da auch Sisi – ohne allerdings verflucht zu sein – ruhelos übers Meer fuhr, immer auf der Suche nach aufregenden Abenteuern, die sich eigentlich nicht für eine Dame der Gesellschaft und schon gar nicht für die Kaiserin von Österreich schickten. Aber das war es, was Sisis Blut in Wallung brachte, wenn das Meer rund um sie tobte, wenn ihre Hofdamen, die bedauernswerten Geschöpfe, die Fische fütterten und der Kapitän Todesangst ausstand, dass der Kaiserin von Österreich ein Missgeschick zustoßen könnte. Sicherlich kam er dem Befehl, sie wie weiland Odysseus an einen Mast binden zu lassen, damit sie nicht über Bord gespült werden konnte, mit äußerst gemischten Gefühlen nach. So stand sie an Deck, von Gischt umspült, und genoss die haushohen Wellen, die das Schiff beinahe zum Kentern brachten. Sisi war so richtig in ihrem Element!

Kaum eine Frau des 19. Jahrhunderts hatte – wie die Kaiserin von Österreich – einerseits die Möglichkeit, derartige Abenteuer zu suchen und zu bestehen, andererseits auch kaum den Mut zu derlei waghalsigen Aktionen. Dem Kaiser, der im Allgemeinen nicht gerne reiste und sich ein Leben lang ein beschauliches Leben im Kreise einer Familie gewünscht hatte, mussten die Haare zu Berge stehen, wenn er nur einen Bruchteil von dem erfuhr, was seine geliebte Sisi in fernen Ländern alles aufführte.

Elisabeth unternahm ihre Reisen an den Gestaden der Nordsee und des Mittelmeeres einzig und allein zu ihrem Privatvergnügen, denn aufregende Abenteuer lenkten sie von ihrer

Rastlosigkeit vorübergehend ab. Was die Kaiserin als Nervenkitzel empfand, erlebten die Hofdamen und ihr großes Gefolge, mit dem sie die Reisen unternahm, als einzigen Albtraum. Für Sisi war es absolut uninteressant, was die anderen dachten und fühlten. Sie allein wollte das Glück in der weiten Welt finden. Sie suchte es ein Leben lang vergebens!

54. Wie verhielt sich Sisi im Ausland?

Wusste man am Kaiserhof natürlich längst Bescheid über den ausgeprägten Bewegungsdrang der Kaiserin, so war man im Ausland oft bass erstaunt über Sisis Angewohnheiten. Denn auch in fremden Städten und Ländern ließ sie von ihrer leidenschaftlichen Suche nach Bewegung nicht ab. So verzichtete sie keineswegs auf weite Ausflüge und stundenlange Märsche durch die Straßen der Städte, und da sie stets größten Wert darauf legte, dass ihre Reiseziele nicht bekannt gegeben wurden, konnte sie dieser Leidenschaft in Begleitung ihrer Hofdamen ausgiebig frönen. Sie wählte die Ziele, die sie erreichen wollte, ganz nach Lust und Laune aus und schreckte nicht davor zurück, fremde Gärten zu betreten oder in umzäunte Parks einzudringen, ohne die Besitzer um Erlaubnis zu fragen. Wobei sie das eine oder andere Risiko einging, denn nicht alle Eigentümer betrachteten es als Ehre, wenn die Kaiserin von Österreich durch den Zaun kroch. Als Sisi einmal ihrem Gemahl brieflich von so einem Abenteuer berichtete, das für sie beinah schlecht ausgegangen wäre, warnte sie Franz Joseph eindringlich mit dem Hinweis, dass man noch die Hunde auf sie hetzen würde oder dass sie noch irgendwo Prügel beziehen würde. Aber Elisabeth schlug alle Warnungen in den Wind.

Ruhelos, wie sie war, fand sie nirgendwo einen Ort, an dem sie länger verweilen wollte. Obwohl sie ihre Reiseziele kaum offiziell bekannt gab, ließ es sich nicht vermeiden, dass die Behörden der einzelnen Länder wussten, wer die exaltierte Dame war, die mit kleinem Gefolge reiste. So gut es ging, stellte man der Kaiserin »Bodyguards« zur Seite, die allerdings meist vor Erschöpfung ihren Dienst quittierten, so wie in Nordafrika, wo Sisi keineswegs darauf verzichtete, die ausgedehntesten Besichtigungstouren im Eilschritt durchzuführen, sodass ihre Bewacher der Verzweiflung nahe waren, da sie nicht mehr Schritt halten konnten.

Natürlich erfuhr der Kaiser in Wien von den Abenteuerreisen seiner Gemahlin, was ihn in größte Sorge versetzte. Aber er konnte ihr Leben nicht mehr beeinflussen. Dafür war es viel zu spät!

55. Warum machte sich Sisi in der Normandie unbeliebt?

Wahrscheinlich verbreitete sich die Nachricht, dass die schöne Kaiserin von Österreich einen Jagdurlaub in der Normandie verbringen wollte, wie ein Lauffeuer und so mancher Geschäftsmann erblickte in der Anwesenheit Sisis und ihrer Begleitpersonen eine gute Gelegenheit, um zu Geld zu kommen. Dies sollte sich aber als gewaltiger Irrtum herausstellen, denn obwohl Elisabeth mit einem Sonderzug anreiste, in dem sich eine eigene Bäckerei befand, damit die Kaiserin zu jeder Tages- und Nachtzeit frisches Gebäck essen konnte, was sie kaum tat, richtete Sisi in der Gegend, in der sich weite Äcker und blühende Wiesen befanden, mehr Schaden an, als die Bauern sich vorstellen konnten.

Wie üblich hatte Elisabeth darauf bestanden, dass ihr in Sassetot jeglicher Komfort zur Verfügung gestellt wurde. Und dies war nicht nur die gewohnte Badewanne, dazu gehörten auch die hervorragendsten Pferde, die man in der Normandie finden konnte. Und so wie immer kümmerte sich die Kaiserin von Österreich weder um die landesüblichen Gesetze noch beachtete sie die Grenzen, die für Reiter bestanden. Sie jagte wahllos durch Wald und Flur, ohne die Erlaubnis der Besitzer einzuholen, sprang über Hecken und Zäune, wobei sie den Rat ihrer Instruktoren in den Wind schlug.

Es war leicht vorstellbar, dass die anfängliche Sympathie und Verehrung, die man der schönen Frau entgegengebracht hatte, schon sehr bald in Empörung über ihr rücksichtsloses Verhalten umschlug. So konnte sich auch eine Kaiserin von Österreich nicht aufführen!

Dazu kam, dass sich Sisi über die Schamgesetze der damaligen Zeit, die auch in Frankreich galten, ohne mit der Wimper zu zucken, hinwegsetzte. Sie ließ zwar pro forma eine Spanische Wand am Strand aufstellen, um vor neugierigen Blicken sicher zu sein. Dann aber stürzte sie sich spärlich bekleidet ins Meer, denn Schwimmen hatte sie schon im Starnberger See gelernt.

Es war natürlich nicht verwunderlich, dass die bäuerliche Bevölkerung das Verhalten der hohen Dame nicht goutierte. Man konnte nur den Kopf darüber schütteln, was sich die Kaiserin von Österreich in einem fremden Land erlaubte, und Franz Joseph musste daher tief in die Tasche greifen, um all das gutzumachen, was seine Frau in ihrem Egoismus angerichtet hatte. Der Imageschaden aber ließ sich kaum mit Geld abgelten, denn niemand legte mehr Wert darauf, dass die Kaiserin noch einmal nach Sassetot und damit nach Frankreich zurückkehrte.

56. Was lockte Sisi auf die Britischen Inseln?

Zunächst sicherlich ihr Wunsch, einmal im Mekka der Reiter, in England und Irland, ihre Kunst zu Pferde zu zeigen, aber auch zu vervollkommnen. Elisabeth war wahrscheinlich schon vor dem Jahr 1873 auf die Idee gekommen, ihren Gemahl zu überreden, ihr einen Jagdaufenthalt in England zu ermöglichen. Und als der Prinz of Wales, der zu Gast in der Wiener Hofburg weilte, Sisi von den Schönheiten der wilden Parforcejagden vorschwärmte, da war ihr Entschluss gefasst: Sie musste, koste es was es wolle, auf die Britischen Inseln. Franz Joseph stellte seiner Gemahlin für ihre Reiturlaube jedes Mal ein kleines Vermögen zur Verfügung, denn mit einer Reise über den Kanal war es bei Weitem nicht getan. Die Ansprüche Sisis an ihre Unterkünfte waren hoch, sodass vielfach die Villen, in denen sie logierte, umgebaut werden mussten. Der Kaiser griff tief in seine Geldschatullen und bezahlte für einen einzigen Aufenthalt seiner Gemahlin in England die Unsumme von 106.516 Gulden und 93 Kronen.

Als Elisabeth ihren Fuß auf die Britischen Inseln setzte, wusste sie, dass sie hier mehr als einen Hauch von Freiheit finden würde. Denn von allem Anfang an war sie von der üppigen Wiesen- und Buschlandschaft fasziniert und erkannte in jeder Hecke und in jedem tiefen Graben ein reizvolles Reithindernis. Es war natürlich absolut notwendig, dass ein richtiger Instruktor die Kaiserin auf den gefährlichen Parforcejagden pilotierte. Und da gab es für Lord Spencer, den Vizekönig von Irland, der mit dem Kaiserpaar befreundet war, nur einen, der diese schwierige Aufgabe zur vollsten Zufriedenheit ausführen konnte: Bay Middleton, ein Haudegen und Frauenheld, der zu Pferd weder Tod noch Teufel fürchtete. Er war weit und breit für seine Reitkünste berühmt, hatte jedoch einen ganz besonderen Fehler, der darin bestand, dass er sich standhaft weigerte, überspannte Damen, die sich einbildeten, ihr Glück auf dem Rücken der Pferde zu finden, zu pilotieren. So hatte er zu ihrem großen Ärger die Schwester der Kaiserin Marie abgelehnt. Auch der Gedanke, die Kaiserin von Österreich über Stock und Stein zu führen, entzückte Bay Middleton keineswegs. Als er aber sah, dass die Dame nicht nur bezaubernd schön war, sondern auch hervorragend im Sattel saß, vergaß Bay Middleton seine Ressentiments und wurde der treueste Reitbegleiter Elisabeths nicht nur in England, weshalb man schon bald über eine engere Verbindung der beiden unterschiedlichen Menschen zu munkeln begann.

57. Warum konnten Sisi und die englische Königin Victoria einander nicht leiden?

Vielleicht war es die Pflicht, der englischen Königin eine Aufwartung machen zu müssen, vielleicht war es die Erscheinung Victorias, die die Kaiserin zu ironischen Bemerkungen veranlasste, vielleicht war es die Herablassung, mit der die Kaiserin von Indien die Kaiserin von Österreich empfing, vielleicht war es aber nur eine gewisse Unsicherheit Sisis, die zu den peinlichen Stunden mit gegenseitiger Antipathie führten. Denn zwischen Sisi und Victoria lagen Welten des Unverständnisses.

Es war der Wunsch Kaiser Franz Josephs gewesen, dass seine Gemahlin der englischen Queen auf der Isle of Wight, wo beide Damen weilten, einen Besuch abstatten sollte. Und da Sisi ihren Gemahl nicht verärgern wollte – immerhin zahlte er Unsummen für ihre Reitabenteuer auf den Britischen Inseln –, willigte sie ein, die alte Dame zu besuchen.

Wahrscheinlich lehnte die Kaiserin die Königin von vornherein kategorisch ab, für Sisi war Victoria eine alte, dicke, eingebildete Matrone, der jeglicher Humor fehlte. Aber auch Victoria zeigte sich Elisabeth gegenüber mehr als zurückhaltend, immerhin war sie eine höchst pflichtbewusste Frau, die ihre vielfältigen Aufgaben als Königin von England und Kaiserin von Indien sehr ernst nahm. Der Queen musste Elisabeth wie eine verwöhnte, ihren Ehemann vernachlässigende, ihre Pflichten als Kaiserin missachtende Luxuspflanze erscheinen.

Und so behandelte sie die Kaiserin von Österreich auch. Kaum dass die beiden Damen den erforderlichen Schwesternkuss, der eher einem Judaskuss glich, ausgetauscht hatten, zeigte die englische Königin wohl noch im Rahmen der Etikette Elisabeth ganz deutlich ihre Antipathie. Elisabeth ihrerseits gab sich ebenfalls keine Mühe, charmant und liebenswürdig zu erscheinen. Sie maß die aus den Fugen geratene alte Dame, die altmodisch in Schwarz gekleidet mit einer weißen Witwenhaube auf dem Kopf keineswegs den modischen Vorstellungen der Zeit entsprach, auffallend von Kopf bis Fuß, während sie selber rank und schlank nach der neuesten Mode gekleidet wie ein Wesen aus einer anderen Welt erschien. Größere Gegensätze hätte man sich kaum vorstellen können. Das Gespräch der beiden – wobei Elisabeth noch leiser als gewöhnlich sprach, sodass Victoria, die schon leicht schwerhörig war, sie kaum verstehen konnte – entwickelte sich kaum über einen Small Talk hinaus. Aber worüber hätten die beiden auch sprechen sollen? Ihre Interessen waren grundverschieden, Gemeinsamkeiten hätten sie, wenn sie auch gewollt hätten, beim besten Willen nicht finden können.

58. Was suchte Sisi in einem irischen Männerkloster?

Es waren für Sisi eigentlich verlorene Monate und Jahre, in denen sie nicht auf die Britischen Inseln reisen konnte. Deshalb setzte sie alles daran, ihren Gemahl zu überreden, ihr immer wieder dieses Reit- und Jagdvergnügen zu gönnen und vor allem zu finanzieren. Im Jahre 1879 saß Elisabeth tatsächlich wieder im Zug, um diesmal nach Irland zu fahren, wohin sie der Vizekönig Lord Spencer, der zusammen mit seiner Gemahlin zu einem Besuch in Ischl geweilt hatte, eingeladen hatte. In aller Eile hatte man Schloss Summerhill umgebaut, da man wusste, dass die Kaiserin jedweden Luxus erwartete. Schon bei Sisis Ankunft kam es beinahe zu einer peinlichen Situation, denn Lord Spencer, der immerhin in der Funktion des Vizekönigs die hohen Herrschaften am Bahnhof erwartete, wusste nicht, wie er sich einer »Gräfin Hohenembs« gegenüber verhalten sollte, denn Sisi hatte es wieder einmal vorgezogen, inkognito zu reisen.

Aber Elisabeth legte ohnehin keinen gesteigerten Wert auf lange offizielle Begrüßungen und war froh, als sie Bay Middleton erblickte, mit dem sie schon am nächsten Tag ausreiten wollte. Es waren, wie in England auch, halsbrecherische Touren, die auf dem Programm standen. Genauso wie in der Normandie ließ sich Elisabeth nicht davon abhalten, wahllos querfeldein zu jagen, galoppierte über unbekannte Wiesen und ritt auf eine hohe Mauer zu, die sie in einem Satz mit ihrem Pferd übersprang. Und stand plötzlich – mitten im Hof eines katholischen Klosters! Beinahe wäre sie auf den Abt gesprungen, der zu Tode erschrocken einer Ohnmacht nahe war. Um den Schaden wieder gutzumachen, versprach Sisi, nachdem sich alle von dem Schrecken erholt hatten, wiederzukommen und Abbitte zu leisten.

Die Kaiserin von Österreich hielt sich an ihre Zusage und brachte ein Gastgeschenk mit! Sie hatte bei einem Bildhauer die Statue des heiligen Georgs anfertigen lassen, die sie dem Abt überreichte. Als dieser ein höchst säuerliches Gesicht machte, bemerkte Sisi, dass irgendetwas nicht stimmen konnte. Darauf erfuhr sie, dass sie dem irischen Kloster den Schutzheiligen Englands schenkte, wobei die Beziehungen Irlands zu England auch damals schon einigermaßen problematisch waren. Hätte sich die Kaiserin informiert, so hätte sie erfahren, dass St. Patrick als Schutzheiliger Irlands verehrt wird.

Noch einmal musste sich Elisabeth zur Versöhnung der irischen Mönche etwas einfallen lassen. Als Wiedergutmachung schickte sie ein kostbar besticktes Messgewand!

59. Wodurch verschlechterten sich die Beziehungen zwischen Sisi und ihrem Sohn Rudolf?

Das Verhältnis zwischen Mutter und Sohn war schon jahrelang nicht so, wie es hätte sein sollen. Denn Rudolf konnte es seiner Mutter kaum verzeihen, dass sie ihn als kleines Kind aufgrund ihrer zahllosen Reisen so viel allein gelassen und sich später nur um ihre jüngste Tochter Marie Valerie gekümmert hatte. Es war eine begründete Eifersucht, die sich bei Rudolf bemerkbar machte, verbunden mit einem ausgeprägten Unverständnis der Lebensweise der Mutter gegenüber. Denn der hochintelligente Kaisersohn erkannte schon sehr bald, dass seine Mutter ihren Verpflichtungen als Kaiserin in keiner Weise nachkam, sondern einzig und allein ihre Interessen lebte, für die sie viel Geld ausgab. Sisi führte in den Augen des Sohnes ein Drohnendasein, unter dem die ganze Familie zu leiden hatte. So sehr er auf der einen Seite den Lebensstil seiner Mutter kritisierte, bewunderte Rudolf seine schöne Mama, deren Attraktivität alle Frauen ihrer Zeit in den Schatten stellte, vor allem die der eigenen Gemahlin Stephanie. Umso mehr empfand er die Gerüchte als beleidigend, die über seine Mutter in England im Zusammenhang mit Bay Middleton kursierten. Nicht nur seine Tante Marie hatte nicht geruht, um ihrer kaiserlichen Schwester ein Verhältnis mit Middleton anzudichten, auch seine Cousine Marie Larisch wollte Ähnliches wissen.

Als dem Kaiser zu Ohren gekommen war, wie sehr seine Gemahlin die englische Königin Victoria brüskiert hatte, schickte er seinen Sohn nach England, da er wusste, dass es Rudolf gelingen würde, die Queen wieder einigermaßen habsburgfreundlich zu stimmen. Rudolf zog der royalen First Lady gegenüber alle Register seines Charmes, sodass die alte Königin von dem jungen Mann geradezu begeistert war.

Um sich die Zeit in London zu vertreiben, besuchte Rudolf einen Ball, den der deutsche Botschafter in Carlton House Terrace gab. Auch Bay Middleton hatte eine Einladung zu dieser Festlichkeit erhalten und befand sich unter den Gästen. Ein Freund fühlte sich bemüßigt, die beiden Männer, Rudolf und Bay, miteinander bekannt zu machen. Als Bay Middleton auf Rudolf zutrat, starrte ihn der Kronprinz wortlos an, erhob sich, drehte sich auf dem Absatz um und zeigte dadurch allen Anwesenden, dass er den Mann, den seine Mutter so bevorzugte, aus tiefstem Herzen ablehnte.

Das Verhältnis zwischen Elisabeth und ihrem Sohn war schon lange gespannt gewesen, durch diesen Vorfall trat es in eine Phase eisigen Schweigens. Die Kaiserin verzieh Rudolf dieses Benehmen niemals.

60. Womit erregte Sisi Aufsehen in Algier?

Im 19. Jahrhundert war es in Adelskreisen seltsamerweise nicht unüblich, nach Algier zu reisen. Sowohl Sisis Bruder Carl Theodor als auch Erzherzog Ludwig Salvator besuchten Algerien nicht nur einmal. Auch Sisi wollte dieses Land entdecken – allerdings auf ihre Weise!

Obwohl sie inkognito unterwegs war, erregte sie vor allem durch ihre Extravaganz großes Aufsehen. Denn sie verhielt sich keineswegs so, wie man sich dies in der damaligen Zeit von einer Dame der Gesellschaft erwartete. Nur von einer Hofdame begleitet, suchte sie die Umgebung von Algier auf eigene Faust zu erkunden. Sie heuerte einen Bergführer an, der sie zu einer Wallfahrtskirche begleiten sollte, die sich auf einem relativ hohen Berg befand. Es hatte sich ein etwas dicklicher Mann gemeldet, den Sisi fragte, ob er denn auch gut zu Fuß wäre. Der Algerier war leicht indigniert ob dieses Zweifels, denn welche Frau konnte in seinen Augen einem Manne schon das Wasser reichen?

Die Besteigung des Berges wurde für den eingebildeten Bergführer zu einer echten Katastrophe. Denn so wie es Sisi gewohnt war, ging sie nicht, sondern lief im Eilschritt den steilen Berg hinauf, wie die Gräfin berichtete:

»Unser Führer fauchte wie ein Dampfross und schnitt ein Gesicht dazu wie einer, der nun gleich genug von dem Spaß haben wird. Und so geschah es auch; er blieb stehen und erklärte, er sei des weiteren Weges unkundig. Wir mussten also kehrtmachen, um nicht ganz im Stiche gelassen zu werden. Auf dem Heimwege brachte sich der Arme nur mehr stolpernd fort und Bitterkeit und Vorwurf sprachen aus seinem bestaubten Antlitz ... Trotz aller Bemühungen gelang es aber nicht ... ihn für den nächsten Tag« zu engagieren; er verweigerte den Dienst; »er sei kein Schnellläufer, um täglich dreißig Kilometer bergan bergab rennen zu können.«

Auch in der Stadt selbst erregte die Kaiserin ungeheures Aufsehen, da sie es sich nicht nehmen ließ, in einem Kaffeehaus einzukehren und sich mitten unter die algerischen Männer zu setzen. Dass ihre Begleitung über diese Handlung alles andere als erfreut war, lässt sich denken. Denn die arabischen Männer kannten auch zu dieser Zeit keinen Spaß, wenn es darum ging, ihr Machotum zu demonstrieren. Wie leicht hätte es sein können, dass man der Kaiserin von Österreich gegenüber handgreiflich wurde!

Sisi – die Dichterin

61. War Sisi ein Sprachtalent?

Ursprünglich hatte es sicherlich nicht danach ausgesehen, dass die junge Kaiserin von Österreich einmal mehrere Fremdsprachen beherrschen würde. Denn ihre Eltern hatten wenig Wert darauf gelegt, dass die Tochter mehrsprachig aufwuchs, was eigentlich in den Adelsfamilien üblich war. Nicht nur am habsburgischen Kaiserhof war es Sitte, dass die Söhne und Töchter des Kaisers zumindest die Sprachen der Monarchie Tschechisch, Ungarisch, Italienisch und womöglich auch Serbokroatisch beherrschten. Dass ein gebildeter Mensch in der damaligen Zeit sich außerdem noch in Französisch unterhalten konnte, galt beinahe als Selbstverständlichkeit. Und Latein und Griechisch gehörten ohnedies zur Allgemeinbildung. Aber auch das Englische begann schon im 19. Jahrhundert einen ersten Siegeszug.

All diese Sprachen waren Sisi zunächst verschlossen, als sie plötzlich neben Franz Joseph auf dem Kaiserthron saß. In Possenhofen verständigte man sich höchstens in einem gepflegten Bayerisch, in der Umgangssprache der Wittelsbacher Familie.

Doch Elisabeth war noch jung. Und hatte vor allem, außer zu repräsentieren und Kinder in die Welt zu setzen, kaum Aufgaben, die sie interessierten. Daher war es für sie eine willkommene Abwechslung, als man ihr eine ungarische Vorleserin zur Verfügung stellte. Ida von Ferenczy verstand es, die Kaiserin schon bald für die ungarische Sprache und für alles, was mit Ungarn zusammenhing, zu begeistern. Es war erstaunlich, wie schnell Sisi diese schwierige Sprache erlernte, in der sie sich zeitlebens am liebsten unterhielt.

Aber auch mit anderen Sprachen beschäftigte sich Sisi mit Feuereifer, wie beispielsweise dem Neugriechischen, damit sie sich auf ihren Reisen nach Korfu und Griechenland zwar nicht mit der Bevölkerung, aber mit ausgewählten Personen unterhalten und die Werke der griechischen Dichter in der Originalsprache lesen konnte.

Da die Kaiserin aufgrund ihrer Jagdleidenschaft des Öfteren in England weilte, ist anzunehmen, dass sie auch das Englische zu einer gewissen Perfektion gebracht hatte. Zumindest unterhielt sie sich mit ihrer Schwester Nene in dieser Sprache, wenn die beiden zusammenkamen.

Weil man bekanntlich jede neue Fremdsprache leichter erlernt, wenn man schon mehrere Sprachen spricht, besteht kein Zweifel darüber, dass Sisi auch Französisch sprach. Auf ihren Reisen nach Frankreich und in die französischen Kolonien in Afrika war dies sicherlich von Vorteil, wenngleich ihr auch die Damen in ihrer Gesellschaft bei dieser Sprache assistieren konnten.

Alles in allem gesehen kann man feststellen, dass Sisi sicherlich als ein Sprachtalent gelten kann, da sie die Fremdsprachen nicht von Kindesbeinen an erlernt hat, sondern in einem Alter, in dem die Beherrschung einer neuen Sprache schon schwieriger wird.

62. Welche Rolle spielte Max Falk in Sisis Leben?

Da Elisabeth nicht so wie Kaiser Franz Joseph von klein auf in den Sprachen der Monarchie unterrichtet wurde, erkannte sie sehr bald, dass sie einiges nachzuholen hatte, wobei ihr die ungarische Sprache besonders gefiel. In ihrer romantischen Art schwärmte sie für Land und Leute und war schließlich maßgeblich daran beteiligt, dass der Kaiser dem Ausgleich mit Ungarn zustimmte. Dass dabei Gyula Andrássy seine Hände im Spiel hatte, war ein offenes Geheimnis, denn er beeindruckte die »schöne Vorsehung«, wie er Elisabeth nannte, nicht nur in politischer Hinsicht.

Nachdem Ida von Ferenczy Sisi die Grundbegriffe des Ungarischen beigebracht hatte, kam die Kaiserin auf die Idee, einen etwas dubiosen ungarischen Journalisten zu engagieren. Max Falk schrieb, obwohl er in Wien wohnte, für die ungarische Zeitung »Pesti Napló«, für ein keineswegs habsburgerfreundliches Blatt. Und ausgerechnet diesen Mann, der als Revoluzzer inhaftiert gewesen war, wählte die Kaiserin von Österreich zu ihrem Sprachlehrer!

Am allermeisten aber war sicherlich Max Falk erstaunt, als er von dieser Auszeichnung erfuhr. Und nicht nur das: Elisabeth behandelte Falk nicht wie einen Sprachlehrer, der gut bezahlt wurde, sondern von Anfang an als Freund. Es war ein großes Anliegen von Max Falk, die Kaiserin mit der ungarischen Literatur vertraut zu machen, wobei er ihrem Wunsch gerne nachkam, auch die Bücher des bekannten ungarischen Dichters József Eötvös mitzubringen, die auf der roten Liste standen. Als Eötvös erfuhr, dass die Kaiserin nicht nur seine Gedichte, sondern auch seine Briefe las, schickte er verklausulierte politische Botschaften an Falk, der wiederum Elisabeth in die Thematik einweihte. Die Kaiserin steigerte sich so in eine Vorliebe für Eötvös hinein, dass sie ihn in beinah untertäniger Weise zum Mittagessen einlud. Was Franz Joseph von den intensiven Bemühungen seiner Gemahlin, nicht nur die ungarische Sprache zu erlernen, hielt, zeigt beispielsweise ein Brief, der bei Sisi anscheinend den Eindruck erweckte, dass ihr Gemahl eifersüchtig auf Falk war. Denn sie schrieb zurück: »Brauchst auf ihn nicht eifersüchtig zu sein, er ist das lebendige Bild eines echten Juden, aber sehr gescheit und angenehm.«

Durch die Protektion der Kaiserin machte Max Falk Karriere. Nach dem Ausgleich mit Ungarn wurde er Chefredakteur der Tageszeitung »Pester Lloyd«, wo er durch seine Artikel in Ungarn großen Einfluss gewann.

63. Wer war Sisis »Meister«?

Weder ihr Vater Herzog Max in Bayern und noch weniger ihr kaiserlicher Gemahl! Die Kaiserin von Österreich verehrte in schwärmerischer Weise den deutschen Dichter Heinrich Heine, in dessen Stil sie eine Vielzahl ihrer Gedichte verfasste. Sie glaubte nicht nur, mit Heines Wesen verbunden zu sein, sondern verfiel geradezu in einen Rauschzustand, wenn sie den Eindruck hatte, dass der Dichter ihre Hand führte. Als sie auf die Werke Heines aufmerksam wurde, erfuhr sie, dass der Dichter mit zunehmenden Problemen aufgrund seiner jüdischen Abstammung konfrontiert worden war. Und da sie sich selbst stets gegen alles auflehnte, was herkömmlich war, fühlte sie sich zu dem Verfolgten magisch hingezogen, obwohl ihre Dichterkollegin, die rumänische Königin Carmen Sylva, mit der sie in regelmäßigem Gedankenaustausch stand, Heine eher skeptisch gegenüberstand. Carmen Sylva äußerte sich: »Ich bin etwas abgekommen von ihm, weil manches in seinen Dichtungen mich unsympathisch berührt.« Während Sisi in Rumänien weilte, fühlte sie sich dem Dichter ganz besonders nah, denn sie führte ein nahezu esoterisches Leben in freier Natur, ohne jeden Zwang und ohne große Aufgaben. Sie vermeinte über ihrem Bett den »Meister«, wie sie Heine nannte, im Profil zu sehen und spürte gleichsam seinen Atem. Carmen Sylva gegenüber äußerte sie sich, dass der Dichter immer wieder versuche, die Seele aus ihrem Körper zu locken, um sie mit der seinen zu vereinen.

Dass die übertriebene Schwärmerei für den Dichter ihrer Familie, vor allem ihrer Tochter Marie Valerie bedenklich vorkam, war nur zu verständlich. Denn die Mutter brachte ihre Wesensverwandtschaft mit Heine zugleich mit dem großen Jehova in Verbindung, wie sie dies selber ausdrückte: »Aber Jehova gestattet der Seele nicht, den Körper zu verlassen … und ließ eine größere Liebe zu Jehova und die Überzeugung zurück, dass der Umgang mit Heines Seele und der meinen von ihm gestattet sei.« Und da es für Marie Valerie schon unverständlich war, dass die Mutter zum großen Jehova betete, war ihr deren innige Beziehung zu Heinrich Heine äußerst suspekt.

Auch Rudolf konnte mit der Schwärmerei seiner Mutter wenig anfangen. Trotz alledem versuchte er Elisabeth zu Weihnachten 1888 eine Freude zu bereiten, indem er Originalmanuskripte Heines in Paris kaufen ließ, um sie der Mutter zu schenken. Er erhoffte sich in der für ihn aussichtslosen Situation, in der er sich einen Monat vor seinem Freitod befand, Trost und Hilfe von der geliebten Mama. Aber Elisabeth beachtete das Geschenk ihres Sohnes kaum!

64. Was verband Sisi mit der Dichterin Carmen Sylva?

Beide Damen trugen den gleichen Vornamen Elisabeth, was in der damaligen Zeit nicht verwunderlich war. Und nicht nur dies: Sie ähnelten einander in ihren Interessen, sie fühlten sich in vielem seelenverwandt, die sechs Jahre jüngere Königin von Rumänien und die österreichische Kaiserin.

Elisabeth zu Wied hatte schon als junges Mädchen davon geträumt, einmal Königin von Rumänien zu werden, und daher jedem ihrer Bewunderer einen Korb gegeben. Als sie auf einem Ball über eine Treppe stolperte und dem jungen, schneidigen Karl Eitel Friedrich von Hohenzollern geradewegs in die Arme fiel, da konnte sie freilich noch nicht ahnen, dass ausgerechnet dieser Mann im Jahr 1881 zum König von Rumänien gekrönt werden sollte.

Seine Gemahlin Elisabeth, die sich schon sehr bald als Dichterin den Künstlernamen Carmen Sylva zulegte, war jedoch in vielem völlig anders als ihre dichtende Kollegin Sisi. Sie schrieb nicht wie Elisabeth im Geheimen, sondern veröffentlichte zu ihren Lebzeiten zahlreiche Werke, von denen ihre Pelesch-Märchen, die sich mit den geheimnisvollen Mythen des rumänischen Volkes beschäftigten, am berühmtesten sind. Daneben entstanden Dramen und Romane, in denen sich die junge Frau verwirklichen konnte. Denn die anfängliche Liebesheirat entpuppte sich schon bald als lebensentscheidender Irrtum. Der König und seine schöne Gemahlin hatten keine Gemeinsamkeiten, Karl Eitel war ein humorloser Realist, der seine romantische Frau nicht begreifen konnte. Anders als Kaiser Franz Joseph, der mit den »Wolkenkraxeleien« seiner Sisi auch nichts anzufangen wusste, ihr aber die Freude an ihren Schwärmereien niemals verderben wollte, sah Karl Eitel es als vergeudete Zeit an, wenn seine Gemahlin zusammen mit ihrer vertrauten Hofdame Mite Kremnitz Romane schrieb, die niemand las, und Trauerspiele verfasste, die nirgendwo aufgeführt wurden. Dabei war Carmen Sylva keineswegs realitätsfern. Sie unterstützte, wo es ging, Arme und Kranke, tröstete so manchen Sterbenden und war dort zur Stelle, wo dringend Hilfe gebraucht wurde. Sie stand – anders als ihre Freundin Sisi – mitten im Leben und führte mitnichten das Dasein eines Blaustrumpfes.

Es war eine erstaunliche Tatsache, dass die beiden Damen Sisi und Carmen Sylva trotz dieser Unterschiedlichkeiten in ihren täglichen Belangen gute Freundinnen waren, etwas, das bei Kaiserin Elisabeth überhaupt nicht alltäglich war. Sisi schrieb an ihre Tochter Marie Valerie über ihre eigentümliche Beziehung: »Carmen Sylva ist sehr lieb, unterhaltend, interessant, aber sie steht mit den Füßen auf der Erde; sie könnte mich nie verstehen, ich aber sie ja, ich liebe sie. Sie erzählt und fabelt so gern, ihr ist es ein Genuss, und der König (Carol) ist derart prosaisch, dass geistig ein Abgrund zwischen ihnen liegt. Natürlich sagte sie dies nicht so rundweg, doch zog ich ihr das aus ihren Nasenlöchern.«

Kaiser Franz Joseph, wie hätte es anders sein können, vermochte mit der rumänischen Königin wenig anzufangen, denn in ihrer Gegenwart hatte er den Eindruck, dass er vor allem geistreich und gebildet erscheinen musste – was ihm einigermaßen schwerfiel, da er im Laufe seines Lebens keinerlei spezielle kulturelle Interessen entwickelt hatte. So wurde jeder Besuch von Carmen Sylva für den Kaiser zu einer Art Albtraum, über den er sich Katharina Schratt gegenüber äußerte, dass die Frau seine Nerven so angegriffen hatte, dass er ihr gegenüber immer kälter wurde und sich zusammennehmen musste, um nicht unhöflich zu erscheinen, wenn Carmen Sylva auf Einladung Sisis in Wien weilte. Die beiden Damen aber waren ein Herz und eine Seele, sodass Elisabeth des Öfteren nach Rumänien reiste, was sie in einem ihrer Gedichte begründete:

»Nicht den Hof wollt' ich besuchen,
Auch zur Königin nicht gehn,
Nur die Dichterin zu sehen
Kam ich, Carmen Sylva suchen.«

Auf ausgedehnten Spaziergängen schütteten die Damen gegenseitig ihr Herz aus und fühlten die echte Verwandtschaft ihrer künstlerischen Seelen – nicht nur für Sisi eine wahre Erholungskur!

65. War Sisi eine Bestsellerautorin?

Es wäre keine Frage gewesen, ob die dichterischen Werke der Kaiserin von Österreich die Bestsellerlisten gestürmt hätten, wäre nicht das berühmte »Wenn« gewesen. Die Chancen für Sisi wären eindeutig gewesen, hätte sie sich entschließen können, ihre Gedichte zu veröffentlichen. Wie allerdings der Kaiser auf so ein Ansinnen reagiert hätte, ist eine andere Frage. Aber es hätte immer noch die Möglichkeit des Pseudonyms gegeben, die ja zu dieser Zeit auch ihr Sohn benutzte. Wäre auch bei der Annahme eines Pseudonyms der Name der Dichterin allmählich durchgesickert, hätte dies wahrscheinlich die

Verbreitung der Gedichte beschleunigt. Elisabeth wäre aller Wahrscheinlichkeit nach in kurzer Zeit zu einer Bestsellerautorin geworden!

Aber die Werke der Kaiserin von Österreich unterlagen strengster Geheimhaltung. Sisi hatte verfügt, dass ihre Gedichte keinesfalls zu ihren Lebzeiten veröffentlicht werden durften. Fein säuberlich abgeschrieben von ihrer Nichte Marie Larisch, wurden sie in einer eigenen Druckerei in eine gute äußere Form gebracht, wobei der Drucker unter Eid versichern musste, niemandem ein Sterbenswörtchen von den Werken der Kaiserin zu erzählen. Dann wurden die Gedichte in zwei ineinander passende eiserne Kassetten eingeschlossen, denen folgender Auftrag beigefügt war:

»Diese Cassette ist erst in 60 Jahren vom Jahr 1890 an zu eröffnen. Die innere Cassette dann ungeöffnet an die darauf angegebene Adresse zu befördern.«

Eigenhändig fügte die Kaiserin folgende Adresse an: »Dem Herrn Presidenten der Schweizer Eidgenossenschaft Bern.«

Daneben verfügte Sisi, dass der Ertrag aus der Veröffentlichung ihrer Werke ausschließlich den Kindern der in der Monarchie aus politischen Gründen verurteilten Menschen zugutekommen sollte. In ihrer spiritistischen Art fügte sie noch ein Schreiben hinzu, das sie mit »Liebe Zukunfts-Seele« betitelte und in dem sie dem- oder derjenigen, wer immer ihre Gedichte der Öffentlichkeit zugänglich machen würde, einen Gruß schickte, den sie mit »Titania« unterschrieb.

Was der Präsident der Schweizer Eidgenossenschaft mit den Werken der ehemaligen Kaiserin von Österreich anfangen sollte, darüber machte sich Sisi anscheinend keine Gedanken. Dass nach 60 Jahren, im Jahr 1950, eigentlich niemand außer den Historikern so recht Interesse an ihren Gedichten haben könnte, auf diese Idee verfiel Sisi wahrscheinlich niemals.

Bestseller wurden sie daher wirklich nicht, sie waren um 60 Jahre zu spät veröffentlicht worden!

Sisi – die Mutter und Großmutter

66. Warum musste Sisis kleine Tochter Sophie sterben?

Fast könnte man annehmen, dass die kleine Kaisertochter Sophie ein Opfer der Staatsräson wurde, denn das entzückende Kind sollte die Ressentiments der Ungarn gegen das Kaiserpaar zum Schmelzen bringen. Natürlich wusste der Kaiser auch, dass der Zauber seiner schönen Frau auf die Magyaren ganz besonders wirkte, aber wenn zusätzlich noch die Kinder in Budapest erschienen, würde der Anblick der glücklichen Familie noch intensiver die Beziehungen verbessern. Diesem Plan allerdings stand die Mutter des Kaisers, Erzherzogin Sophie, skeptisch gegenüber. Aber sowohl Sisi als auch ihr Gemahl bestanden darauf, die kleinen Töchter mitzunehmen. Sie konnten freilich nicht ahnen, dass der Tod mit ihnen fuhr. Kaum waren sie in Ungarn angekommen, als Gisela an einer Darminfektion erkrankte. Das Baby schien robuster als die ältere Schwester Sophie gewesen zu sein. Sobald die Krankheitszeichen bei Gisela abgeklungen waren, zeigten sich jedoch ähnliche Symptome bei Sophie. Da alles zum Empfang des Kaiserpaares vorbereitet war, wäre es eine Brüskierung der Ungarn gewesen, hätten Sisi und Franz Joseph den Besuch in der ungarischen Hauptstadt abgesagt.

Es lässt sich denken, mit welchen Gefühlen die jungen Eltern sich von den Kindern in Ofen trennten. Sie konnten nicht vorhersehen, dass ihre kleine Tochter schon bald mit dem Tode ringen würde. Die eilends zugezogenen Ärzte hatten mittlerweile »Ruhr« diagnostiziert, die in dieser schweren Form beim damaligen Stand der Medizin für ein Kleinkind kaum zu überleben war. So schnell sie konnten, eilten Franz Joseph und Elisabeth von Debrecen aus, wo sie sich gerade aufgehalten hatten, an das Bett ihres todkranken Kindes, dem niemand mehr helfen konnte. Sisi legte das Kruzifix, das sie bei der Entbindung ihrer Töchter unter dem Kopfkissen gehabt hatte, dem sterbenden Kind unter das Kissen und hoffte auf ein Wunder. Aber weder die Ärzte noch die verzweifelten Eltern konnten das Leben des Kindes retten.

Sisi war noch keine 20 Jahre alt und stand schon an der Bahre eines ihrer Kinder. Ihre Schwiegermutter Erzherzogin Sophie, die dieses Enkelkind, das ihren Namen trug, über alles geliebt hatte, schrieb in einem ihrer Briefe an ihre Schwester Ludovika: »Unsere arme Sisi vergießt sich buchstäblich in Thränenströmen, sie und mein armer Franzi sind tief gebeugt, aber höchst rührend in ihrem Schmerz, fromm und ergeben.« Nachdem die kleine Tochter in der Kapuzinergruft beigesetzt worden war, stürzte sich Franz Joseph wieder in die Arbeit, während Sisi sich ganz ihrem Schmerz hingab.

67. Was empfand Sisi für ihre Tochter Gisela?

Offen gestanden, nicht viel! Als diese Tochter zur Welt kam, war die Enttäuschung der Mutter sicherlich groß gewesen, dass am 12. August 1856 wieder ein Mädchen in der Wiege lag. Das Habsburgerreich brauchte aber dringend einen Thronfolger. So stand der jungen Mutter die nächste Schwangerschaft vor Augen – ein Albtraum für die noch nicht 20-Jährige!

So wie ihre Schwester Sophie wurde das Kind sofort in die Obhut der Großmutter gegeben, etwas, das die junge Mutter schon beim ersten Mal als verletzend empfand. Sie wollte ihre Kinder selber aufziehen. Dass sie sich später kaum um die Kinder kümmern würde, war damals noch nicht abzusehen.

Es ist bekannt, dass sich Sisi gegen die Wegnahme der Kinder auflehnte. Sie bedachte dabei aber nicht, dass es in der Habsburgerfamilie Tradition war, die Kaisersöhne und -töchter eigens ausgewählten Personen, die man Ajos oder Ajas nannte, anzuvertrauen, da sich die Eltern anderen Aufgaben zu widmen hatten.

Obwohl sich Sisi kaum um die Tochter kümmerte, die ganz und gar nicht ihren Vorstellungen entsprach, denn Gisela entwickelte sich zwar zu einem gutmütigen, aber keineswegs attraktiven Mädchen, verlebte Gisela eine halbwegs glückliche Kindheit zusammen mit ihrem Bruder Rudolf unter der Obhut der Großeltern.

Das Leben des jungen Mädchens wäre in geordneten Bahnen verlaufen, hätte sich die Mutter nicht schon sehr früh um einen Bräutigam für die Tochter umgesehen. Sisis Wahl fiel auf den bayerischen Prinzen Leopold, der als Wittelsbacher mit seiner 16-jährigen Braut verwandt war. Gisela führte an der Seite ihres Ehemannes in München ein reges gesellschaftliches Leben, vergaß aber dabei nicht, sich um die Notleidenden zu kümmern. Ihre Mutter sah sie höchst selten. Elisabeth konnte es ihrer Tochter nicht verzeihen, dass sie sie schon im Alter von nur 36 Jahren zur Großmutter gemacht hatte. In einem Gedicht, das Sisi nach der Geburt ihres Enkelkindes niederschrieb, bezeichnete sie ihre eigene Tochter als »rackerdürre Sau«!

Wenn es nicht anders ging und Elisabeth in München weilen musste, wohnte sie im Hotel »Vier Jahreszeiten«. Ihr Patenkind, das den gleichen Namen Elisabeth trug, schien erblich von der Großmutter belastet zu sein, denn es brannte mit einem Liebhaber nach Italien durch. Kaiser Franz Joseph planierte die Affäre, indem er den Entführer Otto Baron von Seefried in den Grafenstand erhob.

Im Gegensatz zu Sisi liebte der Kaiser seine Tochter Gisela, die sich nach dem Tod Elisabeths genauso wie Marie Valerie rührend um den einsamen Vater kümmerte. So oft er konnte, besuchte er die Tochter in München, bei der er schöne Stunden verbrachte, denn er schätzte im Gegensatz zu seiner Gemahlin echte Gemütlichkeit im Kreise einer Familie.

68. Weshalb stellte Sisi ihrem Gatten ein Ultimatum?

Dass die kaiserlichen Kinder gleich nach der Geburt in die Kindskammer gebracht wurden, wo sich nicht die Eltern, sondern Ajas oder Ajos um die Erziehung kümmerten, war eine uralte habsburgische Tradition, die aus der politischen Rolle heraus, die die Kaiser und ihre Gemahlinnen zu spielen hatten, verständlich war. Die Eltern hatten andere wichtige Aufgaben wahrzunehmen und konnten sich nicht konsequent um die Kindererziehung kümmern. Die Erziehung der Kaisersöhne oder -töchter lag ganz in den Händen sorgfältig auserwählter Personen.

Auch bei den Kindern des jungen Kaiserpaares wurde keine Ausnahme gemacht. Gleich nach der Geburt bestimmte die Mutter des Kaisers Erzherzogin Sophie die jeweiligen Betreuer der Kinder, etwas, das Sisi zunächst keinesfalls wünschte. Sie war viel zu wenig mit den Usancen des Kaiserhauses vertraut, sodass sie die Vorstellung hatte, die Kinder allein erziehen zu können. Aber auch Franz Joseph, der seiner Sisi während der Geburten immer wieder die Hand mit Küssen bedeckte, stellte sich nicht gegen die Tradition und ließ es zu, dass seine Mutter die Hand über die Kinder legte. Und da selbst die Zimmer der Kinder nicht in der Nähe der übrigen kaiserlichen Räumlichkeiten lagen, musste sich Sisi beinah wie eine Fremde anmelden, um ihre eigenen Kinder zu sehen. Dass dies ein äußerst unerfreulicher Zustand für die junge Mutter war, wussten nicht nur Eingeweihte.

Mit der Zeit hatte sie sich zwar an die für sie höchst unerfreuliche Situation gewöhnt. Als aber die Schwiegermutter im

Einverständnis mit ihrem Sohn Franz Joseph für die weitere Erziehung des Thronfolgers Rudolf einen Kommisskopf auswählte, der das psychisch labile Kind mit sadistischen Methoden quälte, war das Maß für Sisi voll. Sie setzte ein Schreiben an ihren Mann auf, in dem sie die Forderung aufstellte, dass ihr allein die Erziehung der Kinder obliegen sollte. Andernfalls drohte sie mit Konsequenzen für ihr eheliches Zusammenleben.

Es muss dem Kaiser nicht leichtgefallen sein, seiner Mutter die Vorstellungen Sisis schonend beizubringen. Gondrecourt, Rudolfs Peiniger, wurde abgezogen und Elisabeth machte sich auf die Suche nach einem neuen geeigneten Erzieher. Hätte man nun gemeint, dass sich die Kaiserin wirklich um die Erziehung ihrer Kinder kümmern würde, so hatte man sich freilich gründlich getäuscht. Ihr Interesse am Wohl und Wehe Giselas und Rudolfs war schon längst erloschen.

69. Wieso liebte Sisi ihr »ungarisches Kind« mehr als die anderen?

Es verwundert nicht, dass vor allem Kronprinz Rudolf selbst noch als erwachsener Mann auf Marie Valerie eifersüchtig war. In seinen Augen hatte die jüngere Schwester ihm und Gisela die Liebe der Mutter gestohlen. Denn die Kaiserin kümmerte sich wenig bis gar nicht um die beiden älteren Kinder. Ihre ganze Liebe galt dem »ungarischen Kind«, das sie schon bald als ihre »Einzige« bezeichnete.

So wie immer kannte Elisabeth in der Liebe zu dieser Tochter kein Maß und Ziel, sodass das Mädchen schon früh unter der übertriebenen Sorge und Zuneigung der Mutter zu leiden begann. Denn in ihrer realistischen, beinah nüchternen Art schlug Marie Valerie charakterlich eher dem Vater nach als der exzentrischen Mutter. Aber Elisabeth hatte von Anfang an, als sie das Kind in Budapest zur Welt brachte, das Gefühl, dass hier ein Mensch geboren war, der ganz ihr gehörte. Zunächst allerdings war es eine Enttäuschung gewesen, dass nicht ein Sohn, der zukünftige König von Ungarn, in der Wiege lag, denn Sisi hatte sich fest vorgenommen, dem geliebten Volk einen Herrscher zu schenken. Vielleicht hatte sie nur aus diesem romantischen Grund die ehelichen Beziehungen zu Franz Joseph wieder aufgenommen, denn sie konnte davon ausgehen, dass es nicht lange dauern würde, bis sie schwanger wurde. Dass man allerdings nach der Geburt der Tochter nicht nur in Wien darüber munkelte, dass das Kind eventuell Gyula Andrássy als Vater haben könnte, machte vor allem Marie Valerie zu schaffen, als ihr die Gerüchte zu Ohren kamen, sodass sie schon bald begann, eine Abneigung gegen alles Ungarische zu entwickeln.

Es war eine gewisse Tragik im Leben Marie Valeries, dass sich die Mutter in beinah unnatürlicher Weise an sie klammerte, sie überallhin auf Reisen mitnahm und sie vor allem ihrem Bruder Rudolf völlig entfremdete. Einzig und allein zu ihrer Schwester Gisela konnte das junge Mädchen eine innige Beziehung aufbauen, die Schwestern liebten einander und blieben ein Leben lang in gutem Kontakt.

Für Sisi war der Gedanke beinah unerträglich, dass die Zeit in nicht allzu ferner Zukunft kommen würde, wo sich Marie Valerie verlieben und sie verlassen könnte. Zwar hatte sie der Tochter immer wieder versichert, dass sie auch einem Rauchfangkehrer die Hand fürs Leben reichen könnte, aber sie zitterte vor dem Moment, in dem ein ernsthafter Heiratskandidat für die Tochter aufkreuzen könnte. Als Marie Valerie schließlich Franz Salvator als Bräutigam auserkoren hatte, fiel auch Sisi – trotz aller Wehmut – ein Stein vom Herzen, denn er war aus der habsburgisch-toskanischen Linie und daher als Erzherzog absolut standesgemäß.

70. Wie gestaltete sich Sisis Verhältnis zu ihrer Schwiegertochter?

Ausgesprochen schlecht, denn von allem Anfang an sah die Kaiserin in Stephanie von Belgien ein hässliches Trampeltier, wie sie dies unumwunden zum Ausdruck brachte.

Dabei hatte Elisabeth in Brüssel einen großen Auftritt, als sie das belgische Königspaar, die Eltern ihrer zukünftigen Schwiegertochter, besuchte. Außerdem wollte sie Rudolfs Braut in Augenschein nehmen. Dass die 15-jährige Stephanie dabei in den Augen der Kaiserin in keiner Weise bestehen würde, war schon von allen, die das junge Mädchen kannten, vorhergesagt worden. Denn weder die Mutter Henriette und schon gar nicht der Vater König Leopold II. hatten nur das Geringste dazu beigetragen, aus dem unscheinbaren Mädchen eine attraktive Braut für den österreichischen Kronprinzen zu machen. Fast bäuerisch plump erschien Stephanie am Bahnhof, als die bezaubernde zukünftige Schwiegermutter aus England kommend dem Zug entstieg. Selbst der eigene Sohn war von der Schönheit seiner Mutter so hingerissen, dass er sie mit Tränen in den Augen begrüßte. Niemand kam auf die Idee, auch nur einen Blick auf die Braut zu werfen, die verlegen abseits stand.

Dass Rudolf, der in der Wiener Damenwelt äußerst beliebt war und als absoluter Frauenkenner galt, sich ausgerechnet für die kleine Belgierin entschieden hatte, konnte damals so mancher nicht verstehen. Aber es fanden sich in Europa nicht allzu viele katholische Mädchen aus hohen oder höchsten Häusern, die alle Voraussetzungen mit sich brachten, einmal Kaiserin von Österreich zu werden.

War man zwar im Kaiserhaus der Braut Rudolfs gegenüber von Anfang an negativ eingestellt, so zeigten sich die Wiener Damen schadenfroh. Denn man konnte ahnen, dass der unstete Rudolf an der Seite dieser Frau nicht allzu treu sein würde.

Das lustige Leben, das er bisher geführt hatte, würde daher bald seine Fortsetzung finden.

Das Schicksal hatte es bisher mit Stephanie keineswegs gut gemeint. Sie war zwar als Königstochter geboren, aber in keiner Weise wie ein Königskind aufgewachsen. Ihre Eltern, die einander schon lange nichts mehr zu sagen wussten, hatten die Kinder ungewöhnlich streng und beinahe sadistisch erzogen, sodass Stephanie wahrscheinlich erleichtert war, endlich dem schrecklichen Elternhaus zu kommen. Dass sie allerdings zunächst keiner erstrebenswerten Zukunft entgegenging, ahnte sie vielleicht schon bei der herablassenden Begrüßung durch Kaiserin Elisabeth am Bahnhof von Brüssel.

Und so sollte es weitergehen. Da die Schwester Rudolfs Marie Valerie gleichsam das Sprachrohr ihrer Mutter war und auch die Meinungen Sisis als junges Mädchen teilte, schlug Stephanie schon vonseiten der Schwägerin blanke Ablehnung entgegen. Auch Kaiser Franz Joseph verhielt sich der Schwiegertochter gegenüber eher reserviert. Stephanie war nun einmal alles andere als ein attraktives junges Mädchen mit ihrer eher derben Gestalt und den roten Armen – eine Folge der barbarischen Erziehungsmethoden ihrer Mutter. Außer einem makellosen Teint hatte die Belgierin tatsächlich zunächst nichts aufzubieten, was einen übersättigten jungen Mann hätte reizen können. Außer vielleicht ihre Unerfahrenheit in sexuellen Dingen. Denn Rudolf war kein rücksichtsvoller Bräutigam so wie einst sein Vater Franz Joseph Sisi gegenüber, sondern forderte seine Rechte in der Hochzeitsnacht fast mit brutaler Gewalt. In ihren Memoiren beschrieb Stephanie noch Jahrzehnte später ihre Enttäuschung über das Verhalten ihres Ehemannes.

Seltsamerweise waren die ersten Ehejahre des Kronprinzenpaares keineswegs unglücklich, denn die beiden verbrachten einige Zeit in Prag, wo Stephanie gute Beziehungen zu den dortigen Adeligen aufbaute. Sie versuchte ihren eigenwilligen Ehemann immer wieder einzubremsen, wenn sein Temperament mit ihm durchzugehen drohte. Erst als Rudolf sich mit Moriz Szeps anfreundete und zusammen mit diesem die restriktive Politik seines Vaters infrage stellte, kam es zu großen Kontroversen zwischen den Eheleuten. Denn Stephanie war durch und durch konservativ eingestellt und konnte daher den Ideen ihres Ehemannes nicht folgen. Als Rudolf nach Wien zurückbeordert wurde, war seine Ehe endgültig zum Scheitern verurteilt. Schließlich hatte Stephanie im Jahr 1883 nicht einem Sohn, sondern nur einer Tochter das Leben geschenkt, der ein zweites Kind nicht mehr folgen würde. Rudolf hatte sich nämlich bei einer Zigeunerin mit Gonorrhö angesteckt und diese auch auf seine Ehefrau übertragen. Der Kronprinz suchte seine Enttäuschung immer mehr durch Alkohol und Drogen zu überwinden, verkehrte in Kreisen, die keineswegs die Billigung seiner Gemahlin fanden. Von Eifersucht geplagt, schlich Stephanie heimlich ihrem Gatten nach und stellte ihn vor versammelter Gesellschaft zur Rede. Diese Blamage vergalt ihr Rudolf dadurch, dass er sich noch weniger um sie kümmerte. Da er auch bei seinen Eltern keinen Rückhalt fand, verstrickte er sich immer mehr in dubiose Abenteuer, die nicht nur seiner Gesundheit übermäßig schadeten. Mit Besorgnis nahm Stephanie den körperlichen und psychischen Verfall ihres Gatten wahr, sodass sie eines Tages völlig unangemeldet bei Kaiser Franz Joseph erschien, um ihn auf die Lage, in der sich sein Sohn befand, aufmerksam zu machen. Da der Kaiser wusste, dass Rudolf sich scheiden lassen wollte, und einen Teil der Schuld Stephanie zuschrieb, reagierte er eher unwirsch, vor allem, da die Schwiegertochter es gewagt hatte, gegen das offizielle Protokoll zu verstoßen. In seiner Forderung nach äußerer Korrektheit übersah der Kaiser die tatsächliche Situation, in der sich sein Sohn befand. Die Tragödie von Mayerling bahnte sich an.

Natürlich war es Stephanie nach dem Freitod ihres Mannes klar, dass sie nicht am Wiener Kaiserhof bleiben konnte. Es gab zwar Spekulationen, nach denen sie eventuell den designierten Thronfolger Franz Ferdinand heiraten sollte, aber der hatte längst andere Absichten. Den polnischen Grafen Artur Potocki, in den sie sich 1887 verliebt hatte und mit dem sie seit dieser Zeit in regelmäßigem Briefwechsel stand, konnte sie nicht mehr ehelichen, da dieser im Jahr 1890 an Zungenkrebs gestorben war.

Aber das Leben hatte doch noch eine angenehme Überraschung für sie bereit, als sie den ungarischen Grafen Elemér Lónyay kennenlernte. Für ihn schied sie aus dem Erzhaus aus und führte fortan an seiner Seite das Leben einer Grande Dame, zu der sie sich im Laufe der Zeit entwickelt hatte. Kaiser Karl erhob beide, Elemér und Stephanie, im Jahre 1917 in den Fürstenstand.

Stephanie wurde uralt. Sie erlebte noch das schreckliche Ende des Zweiten Weltkrieges. Die Sowjets zwangen sie, ihr Schloss Oroszvár zu verlassen und ihre letzten Tage in der Benediktinerabtei von Pannonhalma zu verbringen. Am 23. August 1945 schloss die belgische Königstochter, die Kaiserin von Österreich hätte werden sollen, als Fürstin Lónyay die Augen für immer.

71. Was wurde aus Sisis Enkelin Elisabeth?

Die einzige Tochter von Sisis verstorbenem Sohn Rudolf war nach der Großmutter benannt worden, die das Kind allerdings nicht mit übergroßer Freude aus der Taufe gehoben hatte.

Die Enttäuschung des österreichischen Kronprinzen über die Geburt der Tochter am 2. September 1883 war riesengroß, hatte Rudolf aus vielerlei Gründen auf einen Sohn, den er Waclaw nennen wollte, gehofft, der den Bestand der Dynastie sichern sollte. Damals ahnte niemand, wie sich das Schicksal Rudolfs entwickeln und dass Elisabeth die einzige Tochter des Thronfolgers bleiben würde.

Elisabeth war ganze sechs Jahre alt, als ihr Vater in Mayerling den Freitod wählte. Natürlich vermochte sie damals noch nicht die ganze Tragweite der Tragödie zu begreifen. Aber als intelligentes Mädchen nutzte sie alles aus, was man ihr bot. Vor allem der kaiserliche Großvater versuchte an dem reizenden Kind vieles wieder gutzumachen, was er bei seinem eigenen Sohn versäumt hatte. Ihre Großmutter Sisi kümmerte sich kaum um die Enkelin, immerhin war das Mädchen die Tochter der ungeliebten Schwiegertochter Stephanie!

Erzsi, wie Elisabeth im Familienkreis genannt wurde, zeigte schon als Kind einen überaus starken Willen. Deshalb setzte sie auch durch, dass sie den nicht standesgemäßen Otto zu Windisch-Graetz heiraten durfte. Aufgrund der unterschiedlichen Charaktere war es kein Wunder, dass die Ehe schiefging und ein Rosenkrieg um die vier Kinder entbrannte. Selbst die Bevölkerung stellte sich zum Schutz der Kinder hinter die Erzherzogin. Die offizielle Scheidung der beiden bis aufs Blut verfeindeten Eheleute erfolgte am 26. März 1924.

Die Jahre nach dem Krieg waren für Elisabeth die Zeit der inneren Wandlung. Längst hatte sie sich von den Strukturen der Monarchie gelöst, der liberale Geist ihres Vaters machte sich jetzt bei ihr deutlich bemerkbar. Am 1. Oktober 1925 trat die Kaiserenkelin in die Sozialdemokratische Arbeiterpartei ein! Doch so sehr sie sich für die einfachen Leute offiziell einsetzte, so wenig war ihr eigenes Leben von sozialistischen Idealen geprägt. Von der Notsituation in den Dreißigerjahren bemerkte die steinreiche Frau wenig.

Das Ende des Zweiten Weltkriegs erlebte sie in ihrer Villa in Hütteldorf, die zuerst von den Sowjets und dann von den Franzosen geplündert wurde. Die Erzherzogin heiratete am 4. Mai 1948 ihren langjährigen Lebensgefährten Leopold Petznek, der krank aus dem KZ heimgekehrt war.

Nach seinem Tod verfiel Elisabeth immer mehr in Einsamkeit. Sie hatte aufgrund ihrer herrischen Art wenige Freunde, nur ab und zu besuchte sie ihr Stiefsohn Dr. Otto Petznek, selten ihre eigenen Kinder. Am 16. März 1963 beendete der Tod ihr abwechslungsreiches Leben.

Als »rote Erzherzogin« ist Elisabeth in die Geschichte eingegangen. Wegen ihres politischen Engagements hatte sie kaum Beziehungen zu ihren Tanten Gisela und Marie Valerie gehabt. Außer ihren kaiserlichen Großvater hat sie wahrscheinlich aus der Familie niemanden geliebt, vor allem nicht ihre Großmutter Sisi.

72. Wie verhielt sich Sisi nach dem Tod ihres Sohnes?

Es muss ein Paukenschlag gewesen sein, als Graf Hoyos in den frühen Morgenstunden des 31. Januars 1889 der Kaiserin die Schreckensnachricht vom Tod des Kronprinzen überbrachte. Doch merkwürdigerweise nahm Elisabeth, die für ihre übergroße Sensibilität bekannt war, diese erschütternde Botschaft überraschend gefasst auf. Sie reagierte nicht, wie man es von der Mutter eines Sohnes, der Hand an sich gelegt hatte, erwartet hätte. Aber die Kaiserfamilie konnte man nicht mit den Maßstäben einer normalen Familie messen, vor allem das Verhältnis zwischen Mutter und Sohn war die meiste Zeit von Gefühllosigkeit vonseiten der Kaiserin geprägt. So sehr sich Rudolf von klein auf um die Liebe seiner Mutter bemüht hatte, so oft wurde er beinahe brüsk zurückgewiesen.

Der Tod Rudolfs erschütterte zwar den Kaiser, die Kaiserin hingegen – glaubt man den Personen im engsten Umkreis der Kaiserfamilie – wesentlich weniger. Nachdem Elisabeth ihrem Gemahl die Todesnachricht überbracht hatte, schickte sie Ida von Ferenczy zu Katharina Schratt, damit die gemeinsame »Freundin« den Kaiser trösten sollte. Sie selbst begab sich zu ihrer »Einzigen«, zu Marie Valerie, die seltsamerweise sofort auf den Gedanken kam, Rudolf könnte sich umgebracht haben. Als Nächstes ließ man Stephanie kommen, um sie vom Tod ihres Gemahls zu unterrichten. Die Witwe schilderte in ihren Memoiren die makabre Szene: »Der Kaiser saß in der Mitte des Raumes, die Kaiserin, dunkel gekleidet, schneeweiß und starr im Gesicht, war bei ihm. In meinem fassungslosen, erschütterten Zustand glaubte ich, dass man mich wie eine Verbrecherin ansah.« Tatsächlich brachte Elisabeth der Schwiegertochter, die sie für den Tod ihres Sohnes verantwortlich machte, blanken Hass entgegen. Sie erklärte öffentlich, dass sie sich für die Schwiegertochter schäme, die durch ihre Herzensleere Rudolfs Zerstreuungen außerhalb des Hauses zu verantworten gehabt hätte.

Sie bedachte dabei nicht, dass Rudolf nicht nur unter Stephanies Unverständnis gelitten, sondern auch die Lieblosigkeit seiner Mutter immer gespürt hatte. Was er ihr in seinem Abschiedsbrief mitgeteilt hatte, ist nicht bekannt, denn Ida von Ferenczy vernichtete das letzte Schreiben des Kronprinzen an seine Mutter.

Die Kaiserin nahm an der Beisetzung ihres Sohnes nicht teil. Ganz wie es ihre Art war, steigerte sie sich in ihren Schmerz hinein, den sie schon durch die äußere Kleidung aller Welt zeigte: Ab jetzt kleidete sich Elisabeth nur noch in Schwarz.

Den Kontakt mit Rudolf, den sie im Diesseits versäumt hatte, versuchte sie in spiritistischen Sitzungen im Jenseits aufzubauen. Dies führte dazu, dass so mancher am Verstand der Kaiserin zu zweifeln begann.

Sisi – die Fremde in der Kaiserfamilie

73. Verstand sich Sisi mit ihrer Schwiegermutter?

Glaubt man den zahlreichen Autoren, die Elisabeth-Biografien veröffentlicht haben, angefangen von Egon Cesar Conte Corti bis hin zu Brigitte Hamann, so kann man nur zu dem Schluss kommen, dass das Verhältnis der beiden unterschiedlichen Frauen äußerst unterkühlt war. Denn bisher stand das Bild der bösen Schwiegermutter im Raum, die durch ihre Vorschriften, Nörgeleien und Bosheiten dazu beigetragen hatte, dass sich das Kaiserpaar schon in jungen Jahren auseinanderlebte. Man hatte einen Sündenbock. Und der hieß Sophie!

Erst die akribische Auswertung der Briefe der Erzherzogin an ihre Schwiegertochter durch Gabriele Praschl-Bichler ergibt ein völlig anderes Bild der Schwiegermutter. Denn wenn man auch Briefe im 19. Jahrhundert in einem anderen Stil als heute abgefasst hat, so kann man doch bei aller Vorsicht nicht übersehen, dass die Mutter des Kaisers der jungen Sisi keineswegs übel wollte. Im Gegenteil! Viele Briefe sind in geradezu liebevollem Ton abgefasst, wobei sich Sophie um die Gesundheit der Schwiegertochter große Sorgen machte, ohne ihr aufdringliche Ratschläge zu geben. Da Sophie die Briefe an verschiedene Personen in der Verwandtschaft oder auch an Bekannte verschickte, könnte man keinen Grund annehmen, dass sie die Absicht hatte, alles, was Elisabeth betraf, zu schönen.

Wenn man der Erzherzogin in ihrem Verhältnis zur Schwiegertochter gerecht werden will, so müssen diese Briefe absolut ernst genommen werden, denn durch sie wird Sophie vollständig rehabilitiert. Man stellt sich allerdings bei der Lektüre ständig die Frage, wie es möglich war, dass die Mutter des Kaisers in ein so schiefes Licht geraten konnte. Vielleicht war es im Rahmen der Politik, die Sophie befürwortete, angebracht, ihr konservatives Denken in einen Gegensatz zum Freiheitsdenken ihrer Schwiegertochter zu stellen.

74. Was schrieb Erzherzogin Sophie in ihren Briefen über Sisi?

Die Korrespondenz der Schwiegermutter Elisabeths mit der stattlichen Verwandtschaft gibt ein gutes Zeugnis, wie intensiv sich Erzherzogin Sophie mit der Familie beschäftigte. Dabei standen ihr Sohn, der Kaiser, den sie in ihren Schreiben zärtlich »Franzi« nannte, und ihre Nichte Sisi, die zugleich ihre Schwiegertochter war, an erster Stelle der Berichterstattung. Daneben beschrieb sie auch das Leben ihrer kleinen Enkelkinder in rührender Weise. Es ist erstaunlich, wie rücksichtsvoll sich das Erzherzogspaar dem jungen Kaiserpaar gegenüber verhielt. Denn Sophie erwähnte öfter, dass sie und ihr Gatte Erzherzog Franz Karl nicht in Laxenburg oder Schönbrunn wohnen wollten und nach Ischl abreisten, um die jungen Leute nicht zu stören. Natürlich verbrachten auch Franz Joseph und Sisi einige Wochen im Sommer in Ischl, wo vor allem Sisi ausgedehnte Bergtouren unternahm, während ihr Gemahl lieber auf die Pirsch ging.

Zum ersten Jahrestag ihres Kennenlernens war Sisi ebenso wie einige ihrer Geschwister nach Ischl gereist, um gemeinsam den Geburtstag des Kaisers zu feiern. Erzherzogin Sophie berichtete einem ihrer Söhne über das Zusammentreffen mit Sisi:

»Sisi's warme Herzlichkeit u. Freude, als sie mich wiedersah u. über mein baldiges Nachkommen nach Ischl, rührte u. erquickte mich. In ihrem oft leidenden Zustande wird ihr die Alpenluft, nach welcher sie sich schon sehr sehnte, recht wohl thun.« Alles hoffte darauf, dass auch Kaiser Franz Joseph in Ischl eintraf, denn Sophie schrieb, dass es wirklich traurig wäre, »... wenn Franzi nicht seinen Geburtstag mit seiner Frau u. uns zubringen könnte; schon den 16 ten, an dem er Sisi im vorigen Jahr zum ersten Mal sah, möchte ich sie vereint wissen, u. auch meine gute Sisi würde es beglücken. Sie ist beinah noch hübscher u. lieblicher hier u. so heiter, daß sie oft herzlich lacht, theils wenn ich oder T. Elise ihr etwas Komisches erzählen, theils auch mit den Hofdamen auf einem Spaziergang ... Heute haben wir das Ehepaar Sickingen und Sophie Scharnhorst beim Thee, u. ich werde Sisi an einen eigenen Tisch mit den Hofdamen etablieren, damit sie nicht immer mit uns alten Leute sitzen muß.«

Auch zu ihrem Schwiegervater Erzherzog Carl Ludwig hatte Elisabeth ein gutes Verhältnis, der gutmütige, ausgleichende Erzherzog verstand zwar seine exzentrische Schwiegertochter meist nicht, sah ihr aber vieles nach, da sie ihm gegenüber ausgesprochen charmant sein konnte.

75. Schätzte Sisi ihre kaiserliche Verwandtschaft?

Wenn man den Gerüchten Glauben schenken darf, hatte sich der jüngere Bruder von Kaiser Franz Joseph Hoffnungen auf die Tochter des Bayernherzogs gemacht, als er sie in Innsbruck, wohin die Familie geflohen war, um den Wirren der 1848er-Revolution zu entgehen, als halbes Kind kennenlernte. Carl Ludwig konnte freilich nicht ahnen, dass sich der Bruder in Ischl Hals über Kopf in Elisabeth verlieben und sie auch heiraten würde. Ihm blieb nichts anderes übrig, als sich nach einer anderen Braut umzusehen. Seine dritte Gemahlin Maria Theresia war eine ganz besondere Frau, die sich vor allem des Stiefsohns Franz Ferdinand annahm und selbst vom Kaiser hoch geschätzt wurde. Dass Sisi eine besondere Beziehung zu dieser Schwägerin entwickelte, ist nicht unbedingt anzunehmen, da sie, als Carl Ludwig wieder heiratete, die meiste Zeit außer Landes war. Über Franz Ferdinand, der immerhin ihr Neffe war, schrieb sie ein höchst abfälliges Gedicht und auch dessen Bruder Otto schätzte sie wegen seiner geschmacklosen Eskapaden in keiner Weise.

Anders freilich verhielt sie sich den beiden anderen Brüdern ihres Mannes gegenüber.

Wahrscheinlich verstand sich Elisabeth am besten mit Ferdinand Maximilian. Allerdings veränderte sich sicherlich das gute Einvernehmen, als Maximilian die attraktive Charlotte von Belgien heiratete. Nicht nur, dass die beiden schönen Damen sich als Konkurrentinnen fühlten, sie hatten auch keine gemeinsamen Interessen. Denn die vor Ehrgeiz für ihren Gemahl zerfressene Charlotte konnte Sisi niemals verstehen.

Unter den angeheirateten Verwandten nahm Ludwig Salvator im Herzen Sisis einen besonderen Platz ein, denn er war wie sie ein Außenseiter, der sich sein Leben nach seiner Weise einrichtete. Die Kaiserin verbrachte sogar das Weihnachtsfest bei ihm auf der Insel Mallorca, um der Feier in Wien in der Kaiserfamilie zu entfliehen.

76. Wer war »Onkel Luzi Wuzi«?

Ludwig Viktor war kein Onkel Kaiser Franz Josephs und damit natürlich auch nicht der Oheim von dessen Gemahlin Elisabeth, obwohl er jahrelang in der gesamten Kaiserfamilie mit dem »Onkel«-Prädikat versehen worden war.

Der jüngste Sohn von Erzherzog Franz Karl und seiner Gemahlin Sophie war wahrlich kein Adonis. Weder sein Äußeres noch sein Wesen trugen dazu bei, ihm Freunde zu machen. Auch als Sisi ihm in Innsbruck zum ersten Mal begegnete, fand sie keinen Gefallen an dem vorlauten, altklugen Knaben, der über alles und jeden etwas Negatives zu berichten wusste, der hinter den Türen lauschte und das Erfahrene in boshafter Weise als Halbwahrheit wiedergab.

Obwohl sich Ludwig Viktor in vielerlei Hinsicht merkwürdig verhielt, versuchten die Brüder eine Heirat zwischen ihm und einer Tochter des brasilianischen Kaisers zu arrangieren. Die vorgesehene Braut fand in den Augen Ludwig Viktors von vornherein keine Gnade. Denn glaubte man der Gerüchteküche, so waren seine eindeutigen Vorlieben in Wien längst bekannt. Zwar hatte er ein jahrelanges Verhältnis mit der Tänzerin Claudia Couqui, aber auch schönen jungen Männern konnte er nicht widerstehen. Eine pikante Geschichte machte in Wien die Runde: Als der Erzherzog bei einer Ausfahrt im Wiener Prater von hinten einen besonders attraktiven Jüngling erblickte, stieg er kurzerhand aus und machte dem überraschten jungen Mann ein intimes Angebot. Der so Belästigte drehte sich um und gab Ludwig Viktor eine schallende Ohrfeige.

Als Kaiser Franz Joseph von den Tätlichkeiten erfuhr, denen sich sein Bruder aussetzte, schickte er ihn nach Salzburg und stellte ihm Schloss Kleßheim als komfortable Residenz zur Verfügung. Hier veränderte sich das Leben von »Luzi Wuzi«, wie ihn sein Neffe Kronprinz Rudolf nannte, grundlegend. Schon bald genoss er den Ruf eines perfekten Gastgebers, bei dem auch Sisi auf der Durchreise gerne einkehrte. Obwohl der Erzherzog ein begeisterter Spieler war, der am Roulettetisch viel Geld verlor, verschloss er nicht die Augen vor den Sorgen der Salzburger Bevölkerung. Aus seiner Privatschatulle entnahm er nach dem großen Hochwasser im Jahr 1899, das die Stadt heimgesucht hatte, beachtliche Summen und linderte so die ärgste Not der Betroffenen. Schon in Wien war er Initiator für den Bau mehrerer Palais gewesen. Jetzt in Salzburg setzte er diese Bautätigkeit fort und ließ neben Schloss Kleßheim das Kavaliershaus errichten. Was niemand geglaubt hatte, trat ein:

Als Ludwig Viktor im Jahr 1919 starb, gaben Tausende, die um ihren Wohltäter trauerten, das letzte Geleit.

77. Wie erlebte Sisi das Weihnachtsfest am Wiener Hof?

Es war in der Kaiserfamilie kein Geheimnis, dass Elisabeth für Feiern, bei denen die ganze Familie zusammenkam, wenig übrig hatte. Als junge Frau fand sie natürlich nicht die Möglichkeit, diesen – wie sie meinte – rührseligen Festen zu entgehen.

Solange Erzherzogin Sophie lebte, verbrachte die Kaiserfamilie das Weihnachtsfest in beinah aufgezwungener Harmonie, wobei Sisi immer wieder eine Gelegenheit fand, sich rasch zurückziehen zu können, um der unterschwelligen Missstimmung, die sich kaum verhüllt bemerkbar machte, zu entgehen. Vor allem die jüngste Tochter Marie Valerie litt unter der wenig friedvollen, angespannten Atmosphäre. Zwar verliefen die Weihnachtsabende bei romantischem Kerzenschein, aber durch die zynischen Bemerkungen Rudolfs, der sich seit seiner Heirat mit Stephanie im Kreise der Familie sichtlich nicht wohlfühlte, war die Stimmung äußerst getrübt.

Am Heiligen Abend des Jahres 1888 sollte die Verlobungsfeier der jüngsten Kaisertochter Marie Valerie mit Franz Salvator stattfinden. Sisi hatte diesem Tag zwar mit halb gebrochenem Herzen entgegengebangt, an dem ihre »Einzige«, ihr Lieblingskind, von ihr Abschied nehmen würde, aber sie machte gute Miene zu diesem unvermeidlichen Spiel. Immerhin hatte sie Marie Valerie immer wieder versichert, dass sie den Mann heiraten konnte, dem sie ihr Herz schenken würde, ohne Rücksicht auf Stand und Namen.

Es war das letzte Weihnachtsfest, das die Kaiserfamilie gemeinsam beging. Als die Kerzen am Baum angezündet waren, wurde Elisabeth ganz plötzlich von mütterlichen Gefühlen übermannt, sie umarmte den sichtlich überraschten Rudolf, indem sie sagte: »Ich hab' Dich ja so lieb!«

Aber manche Dinge kommen im Leben zu spät. Sisi erkannte nicht, dass ihr Sohn dabei war, Vorbereitungen zu treffen, um diese Welt zu verlassen. Nur einige Wochen später ereignete sich die Tragödie von Mayerling.

Im Jahr danach gab es für Sisi kein Weihnachtsfest mehr. Sie zog es vor, zur Weihnachtszeit auf Reisen zu sein und verbrachte das Christfest bei dem eigenwilligen Verwandten der Kaiserfamilie Erzherzog Ludwig Salvator auf Mallorca, mit dem sie sich bestens verstand. Um den einsamen Gemahl in Wien kümmerte sie sich wenig, Franz Joseph berichtete der »Freundin« Katharina Schratt, dass es weder eine Bescherung noch ein gemeinsames Weihnachtsessen gab.

Die folgenden Jahre bis zum Tod der Kaiserin war die Familie selten am Weihnachtsabend versammelt. Erst später feierte der Kaiser das Fest aller Feste bei seiner Tochter Marie Valerie und deren Familie.

Sisi – die Kaiserin

78. Hatte Sisi politische Ambitionen?

Als Sisi mit ihren 15 Jahren von einem Tag auf den anderen plötzlich die Braut des österreichischen Kaisers wurde, fragte sich sicherlich so mancher Untertan im riesigen Habsburgerreich, wie sich die junge Frau in Zukunft politisch verhalten würde. Viele erstrebten eine bessere Zukunft, denn immerhin war die Kaiserbraut ein Mädchen aus Bayern, einem Staat, in dem Zukunftsvisionen allmählich Wirklichkeit geworden waren. Andere, Skeptiker, konnten sich nicht vorstellen, dass ein so blutjunges Mädchen den prinzipientreuen, von seiner Mutter politisch stark bestimmten Monarchen in liberalem Sinn beeinflussen würde.

Die Skeptiker sollten recht behalten, wobei Sisi nicht einmal den Versuch unternahm, in irgendeiner Weise auf Franz Joseph einzuwirken, denn sie interessierte sich überhaupt nicht für Politik. Ihr war im Grunde alles zuwider, was rund um sie in der Monarchie geschah, vor allem, wenn sie selbst involviert werden sollte, wie auf ihrer ersten Reise kurz nach der Hochzeit nach Böhmen und Mähren. Da sie keine Beziehung zur Geschichte hatte, fand sie auch keinen Zugang zur Gegenwart.

Als der Kaiser auf den italienischen Kriegsschauplätzen weilte, war Sisi in großer Sorge um ihn und konnte eigentlich seinen Einsatz bei seinen Truppen nicht verstehen. Alles, was sie scheinbar politisch bewirkte, wie eine gewisse Entspannung in Italien, war einzig und allein ihrer Schönheit, die die Italiener begeisterte, und ihrem Charme zuzuschreiben.

Erst als sie ihre Liebe zu Ungarn und seinem Volk entdeckte, beeinflusste sie Franz Joseph dahingehend, dass er allmählich seine Ressentiments gegen die Magyaren abbaute. Mit Ida

Ferenczy hatten die ungarischen Politiker, allen voran Gyula Andrássy, eine perfekte Vermittlerin gefunden, die es verstand, in Sisi eine beinah hysterische Liebe für das ungarische Volk zu erwecken. Die Kaiserin erlernte die Sprache und fand dadurch einen ganz besonderen Zugang zu den Problemen, die die Ungarn mit den Habsburgern schon seit geraumer Zeit hatten. Die Ereignisse im Jahr 1848 hatten das ohnehin nicht besondere Klima zwischen beiden Ländern mehr als belastet, da sich der Kaiser, unterstützt durch seine Mutter Sophie, zu harten Maßnahmen hatte hinreißen lassen. Jetzt aber fanden die Ungarn in der jungen Kaiserin eine echte Fürsprecherin, der es gelang, dass der Kaiser einem Ausgleich mit Ungarn zustimmte, der für beide Seiten zunächst große Vorteile zu haben schien. Als Dankeschön wurde das Kaiserpaar in der Budapester Matthiaskirche zum Königspaar von Ungarn gekrönt.

An diesem Tag endete Sisis Interesse für die Politik für immer.

79. Wie sahen die Wiener ihre Kaiserin?

Die Wiener liebten sie nicht und sie liebte auch nicht die Wiener! So könnte man das Verhältnis zwischen Bevölkerung und Kaiserin definieren.

Aber es war nicht immer so, denn die Wiener waren und sind ein leicht zu beeindruckendes Volk, das gerne bereit ist, die Meinung zu ändern, wenn es Grund dazu hat. Denn nicht nur damals spielten bestimmte Dinge, wie ein strahlendes Lächeln, eine freundliche Miene oder ein makelloses Äußeres, eine gewaltige Rolle, wenn es galt, Sympathie zu erlangen.

Als in der Stadt bekannt wurde, dass der junge fesche Kaiser Franz Joseph auf Freiersfüßen ging und seine Auserwählte eine bezaubernde kleine Prinzessin aus Bayern sein sollte, war man schlichtweg begeistert. Und als dann das Schiff der Braut in

Wien vor Anker ging und der verliebte Kaiser seine süße Sisi vor aller Welt in die Arme schloss und küsste, da kannte der Jubel der Menschenmenge, die sich zur Begrüßung der zukünftigen Kaiserin versammelt hatte, keine Grenzen. Was waren Franz Joseph und Sisi für ein schönes Paar!

Anfangs zeigte sich auch die frische junge Kaiserin dem Volk, was allerdings nicht mit den Regeln der Tradition vereinbar war.

Vieles, was Elisabeth gerne getan hätte, um sich selbst einen Einblick zu verschaffen, wurde ihr so lange untersagt, bis sie sich selbstständig machte und auf niemanden mehr Rücksicht nahm. Von niemandem ließ sie sich etwas vorschreiben, vor allem nicht von einem überkommenen Protokoll. Und da sie am Anfang ihrer Ehe nicht mehr den Versuch unternommen hatte, die Bevölkerung für sich zu gewinnen, schlug ihr auch vonseiten der Wiener keine allzu große Sympathie mehr entgegen. Die Kaiserin hatte aber endgültig ihre Chancen vertan, als man in Wien davon erfuhr, wie sehr sie die Ungarn liebte, wie gern sie sich in Ungarn aufhielt und dass sie am liebsten Ungarisch sprach. Für die Wiener grenzte dies fast an Verrat. Und da die Kaiserin ohnedies beinah immer auf Reisen war und sich weder um die Politik noch um die Kinder und schon gar nicht um den einsamen Ehemann kümmerte, begann man Kaiser Franz Joseph, der bei der Wiener kritischen Bevölkerung auch keinen allzu hohen Stellenwert hatte, aus tiefster Seele zu bedauern. Was musste Franz Joseph für ein Leben führen, meist allein mit seiner Arbeit, die er wie ein Beamter pflichtgetreu ausführte, während sich die Kaiserin in der Welt herumtrieb und für ihre Marotten Hunderttausende Gulden benötigte.

Sisi hatte in Wien wahrlich keinen guten Ruf! Selbst ihr gewaltsamer Tod konnte die Stimmung gegen sie kaum verbessern.

80. Welche Hoffnungen setzte das einfache Volk auf Sisi?

Als in Wien bekannt wurde, dass Kaiser Franz Joseph endlich eine passende Braut gefunden hatte, war die Begeisterung der Bevölkerung in der gesamten Monarchie groß. Endlich würde ein guter Engel den Kaiser dahingehend beeinflussen, dass er seine streng absolutistische Politik abmildern und auf die sozialen Probleme des einfachen Volkes eingehen würde. Das Attentat auf Franz Joseph, bei dem sein Leben am seidenen Faden hing, gab Auskunft, wie wenig beliebt der junge Kaiser war und wie sehr man unter seiner rigorosen Politik zu leiden hatte. Nun würde sich die Zukunft der Völker der Monarchie zum Guten wenden, dessen war man sich allenthalben sicher.

Man bedachte bei den frommen Wünschen nicht, dass ein knapp 16-jähriges Mädchen, das sich bisher noch niemals mit Politik beschäftigt hatte, sicherlich nicht die richtige Beraterin ihres Mannes sein konnte. Doch man setzte plötzlich alle Hoffnungen auf dieses unbedarfte halbe Kind, das mit sich selbst in der fremden Umgebung kaum zurechtkam. Wie hätte Sisi die Armut, die Not und die Verzweiflung, die überall herrschten, lindern können, auch wenn sie die Aufrufe, die ihr galten, gelesen hätte. Aber man vertraute auf die Himmelsmacht der Liebe, die angeblich Berge versetzen kann, wenn man folgenden Appell an die junge Braut liest: »Wir glauben, dass Du die Vermittlerin werden wirst zwischen ihm und uns, dass Du, was wir scheu nicht zu gestehen wagen, für uns ihm sagen wirst, dass Menschen durch Deine zarte Hand zum Guten gelenkt werden.«

Obwohl Sisi von klein auf auch mit anderen Kindern der Umgebung in Kontakt gekommen war, so hatte sie doch keine Ahnung von den wirklichen sozialen Zuständen in der Donaumonarchie. Wie hätte sie auch mit ihren jungen Jahren Einblick in die Probleme des Vielvölkerstaates haben können? Daher waren die Hoffnungen, die man vonseiten des Volkes in die junge Kaiserin setzte, von vornherein zum Scheitern verurteilt. Denn alles, was mit irgendwelchen Problemen in der Monarchie zu tun hatte, hielt man von ihr fern, sodass sie nie erfahren konnte, was man sich von ihr erhoffte. Aber auch wenn sie versucht hätte, ihren Gemahl auf verschiedene Missstände aufmerksam zu machen, hätte Franz Joseph wahrscheinlich niemals auf den Rat seiner jugendlichen Gattin gehört. Selbst in seiner Verliebtheit trennte er nämlich akribisch genau sein Privatleben von den Verpflichtungen als Kaiser.

81. Kümmerte sich Sisi um Arme und Kranke?

Schon seit Langem war es in der Kaiserfamilie üblich, sich ab und zu unters Volk zu begeben und auch Kranken- und Armenhäuser aufzusuchen. Für die meisten Adeligen eine lästige Pflicht, wurde man doch hier allzu sehr mit den Schattenseiten des Lebens konfrontiert. Meist fanden die Besuche der hohen Herrschaften in den jeweiligen Institutionen mit großem Pomp, vielen Ansprachen und herausgeputzten ausgewählten Patienten statt, sodass ein völlig falsches Bild vom Alltag der Kranken entstand. Für Sisi eine Unerträglichkeit, die sie als verlogen und verwerflich ansah.

Sie kam, wenn sie es für richtig befand, ohne Vorankündigung und meist nur in Begleitung einer Hofdame. Wenn sie ein Krankenhaus betrat, so ließ sie sich umgehend zu den Krankenbetten führen, sodann die Krankengeschichte erläutern und tröstete die Patienten, indem sie manchmal sogar die Hand der Bedauernswerten ergriff. Dass die Kaiserin wegen dieser menschlichen Gesten bei den Kranken überaus beliebt war, lässt sich denken.

Elisabeth interessierte sich für alles. Sie ging in die Küche, ließ sich Kostproben der Speisen reichen und spendete Lob oder Tadel. An den Krankenbetten erkundigte sie sich auch nach den familiären Verhältnissen, wobei sie nicht zögerte, wenn sie es für notwendig hielt, die einzelnen Bedürftigen mit Geld zu unterstützen.

Die Kaiserin war bei ihren Krankenbesuchen ein völlig anderer Mensch, als sie ihre Umgebung kannte. Die Gräfin Festetics schrieb in ihr Tagebuch: »… denn wie geht sie in die Spitäler? … wie sie in Allem ist, nicht ostensible für das Publikum – nein! Ganz still für den Kranken zu seinem Trost und zu seiner Hilfe. Sie spricht so richtig, natürlich.«

Aber wie in vielen Dingen wurde Sisi auch in ihren sozialen Ambitionen immer exzentrischer. Schon in jungen Jahren hatte sie in Verona das Negererziehungsinstitut aufgesucht, wo freigekaufte Negersklaven unterrichtet wurden. Später ließ sie sich nicht davon abhalten, ein Spital in München zu inspizieren, in dem Cholerakranke behandelt wurden. Ohne Furcht und ohne Gesichtsmaske ging die Kaiserin von Bett zu Bett und ergriff voller Mitleid zum Entsetzen ihrer Begleiter die Hand eines Sterbenden.

Auch für die Geisteskranken interessierte sie sich, die man zu dieser Zeit noch von der Allgemeinheit wegzusperren pflegte. Sie besuchte Irrenhäuser oder wie Sisi diese Anstalten bezeichnete: Narrenhäuser. Dabei beobachtete sie nicht nur die Kranken, sondern war dabei, als man einen Patienten hypnotisierte, was in der damaligen Zeit als neuartige Heilmethode bei Schizophrenie galt. Vielleicht wünschte sie sich deshalb einmal ein Irrenhaus zum Namenstag!

82. Schätzte Sisi das Militär?

Sisis Einstellung zum Militär war auf alle Fälle völlig konträr zu der ihres Mannes. Franz Joseph könnte man geradezu als Soldatenkaiser bezeichnen, wenn er auch nicht in die Lage gekommen ist, viele Kriege zu führen, so galt doch fast seine ganze Liebe seinen Truppen und den Manövern, die sie mit schöner Regelmäßigkeit absolvierten. Dass der Kaiser und die Kaiserin die Paraden abnehmen sollten, schien für alle keine Frage zu sein. Die Kaiserin allerdings weigerte sich die längste Zeit hartnäckig, dieser Verpflichtung nachzukommen, denn sie war in tiefster Seele Pazifistin und hasste das Soldatenspielen, wie sie es bezeichnete. Auch die Cercles der hohen Militärs besuchte sie kaum, vor allem, wenn sie in Erfahrung gebracht hatte, dass der von ihr verachtete alte Haudegen Erzherzog Albrecht anwesend sein würde.

Dass die Teilnahme der Kaiserin bei manchen militärischen Demonstrationen von Wichtigkeit gewesen wäre, versuchten ihr nicht nur Erzherzog Albrecht und Erzherzog Wilhelm zu erklären, selbst Gyula Andrássy bat Sisi, den Truppenverbänden gegenüberzutreten, für die die Anwesenheit der Kaiserin eine Ehre wäre. Aber Elisabeth konnte oder wollte nicht einsehen, dass sie in dieser Weise Verpflichtungen haben sollte. Sie erblickte im Militär eine Angelegenheit, die nur ihren Gemahl betraf. Sie selbst distanzierte sich vollständig davon.

Dabei war ihr der Erfolg in den wenigen Auftritten vor den Truppen von vornherein sicher. Denn im Jahr 1882, kurz nachdem sie das Reiten auf den Britischen Inseln ein für alle Mal aufgegeben hatte, nahm sie auf der Schmelz in Wien an einer militärischen Revue teil. Hoch zu Ross erschien sie, begleitet von ihrem Gemahl, dem Kronprinzen und der Kronprinzessin. Sie hatte ein Pferd namens »Nihilist« gewählt, auf dem sie hoheitsvoll thronte. Der Jubel brauste auf, der weniger den übrigen Angehörigen der Kaiserfamilie als der schönen Kaiserin galt, über die ihre treue Hofdame Marie Festetics voller Stolz schrieb: »es war so feierlich und großartig, daß es das Herz erhob; … Es war so ein schönes Bild, diese schöne, schöne Kaiserin , die wie gegossen mit dem Pferde da stand und mit hoheitsvoller Anmuth und nicht wiederzugebender Lieblichkeit den Kopf zum Danke neigte – ich werde den Tag nie vergessen.«

Das Auftreten der Kaiserin bei dieser Revue war sicherlich einer spontanen Laune Sisis entsprungen, da sie sich jahrelang schon kaum mehr der Wiener Bevölkerung gezeigt hatte, die das Verhalten der Kaiserin nicht verstand. Aber Elisabeth war alles andere als eine Volkskaiserin, etwas, das ihr rücksichtsvoller Ehemann schon längst erkannt und akzeptiert hatte.

83. Wie hielt es Sisi mit der Religion?

Für Sisi mussten die religiösen Zwänge, denen sie in der habsburgischen Familie unterworfen wurde, geradezu irritierend gewesen sein. Denn ihre eigenen Eltern waren zwar gläubig, aber keineswegs bigott.

Das Leben am Wiener Kaiserhof unterlag festen religiösen Regeln, die teilweise noch auf die streng gläubige Maria Theresia zurückgingen und genauestens einzuhalten waren. Vor allem die Mutter des Kaisers, Erzherzogin Sophie, beachtete akribisch genau die antiquierten Vorschriften und forderte dies nicht nur von ihren Söhnen, sondern auch von der Schwiegertochter, die eine eigene religiöse Vorstellung entwickelt hatte. So lehnte es Sisi ab, zum dreieinigen Gott zu beten, sondern rief bei jeder Gelegenheit den »großen Jehova«, den Gott des Alten Testaments, an. Was allerdings beinah niemand wusste, war die Tatsache, dass Elisabeth auf ihren ausgedehnten Reisen des Öfteren katholische Kirchen besuchte, um an diesen Orten andächtig zu beten.

Weilte die Kaiserin zufällig in Wien, so war sie wenig geneigt, die religiösen Zeremonien über sich ergehen zu lassen oder gar durch ihre Anwesenheit aufzuwerten. Am meisten lehnte sie sich gegen die alljährlich stattfindende Fußwaschung am Gründonnerstag auf, bei der der Kaiser nach alter Sitte zwölf greisen Männern eigenhändig die Füße wusch. Aber auch die Kaiserin hatte an diesem Tag ihre Pflichten. Zwölf alte

Frauen, die man natürlich sorgfältig ausgewählt hatte, warteten darauf, dass auch ihnen von höchster Hand die Füße gewaschen wurden. Franz Joseph kam dieser Verpflichtung nach, ohne sie zu hinterfragen, wobei der Kaiser keineswegs direkt mit den Füßen der Greise in Berührung kam, dafür sorgten schon die zahlreichen Diener.

Seine hohe Gemahlin entzog sich des für sie ekelhaften Rituals, indem sie es vermied, um die Osterzeit in Wien anwesend zu sein. Für sie galten andere Gesetze, als sie in der Familie üblich waren, sie hatte andere religiöse Vorstellungen. Dabei tauschte sie letztlich nur ein paar Namen aus, denn auch sie glaubte an einen Schöpfer des Weltalls. Ihr Gott trug den Namen »Jehova«, ohne dass sich Sisi mit den Mythen der jüdischen Religion auseinandersetzte.

Natürlich war es für alle in ihrer Umgebung schwer, die Marotten der Kaiserin zu ertragen. So fiel ihre Tochter Marie Valerie von einem Schrecken in den anderen, als sich die Kaiserin einmal in einem Anfall von Verzweiflung ausgestreckt auf den Fußboden warf und den großen Jehova, den Gott der Gnade, den Gott der Rache, anrief. Das Mädchen glaubte, dass die Mutter nun endgültig den Verstand verloren hätte. Aber durch den Schrecken der Tochter zur Besinnung gebracht, begannen beide Damen plötzlich zu lachen und der Bann war gebrochen.

84. War Sisi abergläubisch?

Und wie! In ihrer melancholischen Art las sie aus alltäglichen Dingen Vorbedeutungen heraus, die sie meist in Unruhe versetzten, denn selten erkannte sie Positives, das sich in nächster Zeit ereignen würde.

Ausführlich berichtete ihre Nichte Marie Larisch, die sehr viel Zeit mit ihrer Tante verbrachte, dass die Kaiserin drei Verbeugungen machte, wenn sie eine Elster sah, damit der Vogel, vor dessen Geschrei sie Angst hatte, ihr gut gesinnt sein würde. Manchmal ließ sie sich ein rohes Ei kommen, trennte den Dotter vom Eiklar und schüttete das Eiweiß in ein Glas, das mit Wasser gefüllt war. Aus den sich ergebenden Schlieren versuchte sie die Zukunft zu deuten.

Besonderes Gewicht legte Sisi auf die einzelnen Mondphasen, wobei sie sich bei Neumond einbildete, dass ihre geheimsten Wünsche in Erfüllung gehen würden. Wie enttäuscht musste sie sein, wenn der Mond wieder zunahm! So wie alle abergläubischen Menschen fürchtete sie sich vor dem »bösen Blick« und dem Einfluss derer, die ihn in ihren Augen besaßen. Eisengegenstände übten auf die Kaiserin eine eigentümliche Faszination aus, sie glaubte an die Schutzgewalt des kalten Eisens. Deshalb ging sie niemals an einem Nagel, der auf dem Boden lag, oder an einem verlorenen Hufeisen achtlos vorbei, ohne sich höchstpersönlich zu bücken und das Eisen aufzuheben.

Es war nur natürlich, dass sich Sisi auch ab und zu die Karten legen ließ, um einen Blick in die Zukunft werfen zu können. Eines Tages weissagte ihr eine »Seherin«, dass sie dereinst nicht im Bett sterben würde. Worauf die Kaiserin lakonisch meinte: »… das ist sehr wahrscheinlich, denn wenn Valerie erst erwachsen ist, werde ich in ferne Weltteile reisen und einmal werde ich nicht wiederkehren.«

Da sich Elisabeth schon sehr bald mit dem Tod beschäftigte, verwundert es nicht, dass sie eine eigene Ansicht vom Leben nach dem Tode entwickelte. So beschrieb sie ihrer Nichte Marie eines Tages eine seltsame Erscheinung, die sie in der vorhergehenden Nacht gehabt hatte. Es geschah unmittelbar, nachdem der Bayernkönig Ludwig II. im Starnberger See umgekommen war, dass ihr angeblich der tote, triefend nasse König um Mitternacht erschien. Und nicht nur das! Er führte ein langes, unheimliches Gespräch mit ihr, bei dem er mit feucht-klammen Fingern Sisis Hand hielt. Bevor der Schattenkönig wieder verschwand, flüsterte er noch, dass er im Jenseits erst frei sein werde, wenn sich das Schicksal der Frau, die ihn einst liebte, im Feuer erfüllen würde. Dann sollte auch die letzte Stunde für Elisabeth schlagen.

Als die Herzogin von Alençon, eine Schwester der Kaiserin, in Paris bei einem Brand ums Leben kam, ließ Sisi der Gedanke nicht mehr los, dass auch sie bald ihre letzte Reise antreten würde. 16 Monate später stach Luigi Lucheni ihr in Genf die Feile mitten ins Herz!

Sisi – Krisen auf dem Weg in den Tod

85. Gab es Gründe für Sisis gesundheitliche Krisen?

Es war erstaunlich, dass sich die junge Gemahlin Kaiser Franz Josephs schon bald nach der Hochzeit gesundheitlich nicht wohlfühlte, ständig von Husten und Verkühlungen geplagt wurde, etwas, das sich die zugezogenen Ärzte nicht erklären konnten. Immerhin war die Kaiserin 16 Jahre jung und in einer gesunden Atmosphäre am Starnberger See aufgewachsen, in frischer Luft und bei täglicher Bewegung. Ihr Tagesablauf in Wien gestaltete sich zwar völlig anders als ihr gewohntes Leben bisher, aber eigentliche Gründe für Sisis gesundheitliche Probleme waren zunächst nicht klar ersichtlich. Natürlich spielten die drei Schwangerschaften kurz hintereinander eine entscheidende Rolle, dass die junge Kaiserin mit allen möglichen Malaisen zu kämpfen hatte. Mit 20 Jahren war Sisi Mutter von drei Kindern, etwas, das selbst an einem robusteren Körper nicht spurlos vorübergehen konnte. Dazu kam wahrscheinlich die nicht unbegründete Angst vor neuerlichen Schwangerschaften, die Elisabeth geradezu in die Krankheit flüchten ließ. Die psychischen Ängste spielten dabei sicherlich die Hauptrolle für den Dauerhusten, den die Ärzte zwar behandelten, der aber dazu führte, dass einige Stimmen laut wurden, die um das Leben der jungen Frau fürchteten. Dies alles blieb Franz Joseph natürlich nicht verborgen, der in großer Sorge um seine junge Frau dem Rat der Ärzte zustimmte, dass seine Gemahlin auf der klimatisch günstigen Insel Madeira im Atlantischen Ozean Genesung finden sollte.

Für Sisi war dies gleichsam eine willkommene Flucht aus Wien, aus den düsteren Räumen der Hofburg, weg von der Familie. Und wenn man annimmt, dass ihr der Abschied vor allem von den Kindern schwerfiel, so kommt man schon sehr bald zu der Ansicht, dass sie weder ihren Gemahl noch Gisela und Rudolf auf der Blumeninsel wirklich vermisste. Die Berichte, die die Ärzte über den Gesundheitszustand der jungen Kaiserin nach Wien schickten, ließen den besorgten Ehemann hoffen, dass seine Gemahlin schon bald wieder zu ihm zurückkehren konnte. Aber Franz Joseph hatte sich gründlich getäuscht. Sisi kam zwar nach einem halben Jahr blühend und kerngesund nach Wien zurück, um nach nur kurzer Zeit wieder mit dem Husten zu beginnen und zu demonstrieren, wie unwohl sie sich in der ungeliebten Umgebung fühlte. Auf Madeira hatte sie sich emanzipiert, die nächste Erholungsreise war absehbar. Wien war für die Kaiserin beinah zu einem Albtraum geworden, den sie nicht mehr zu träumen beabsichtigte.

86. Welche Speisen bevorzugte Sisi?

Es war sicherlich nicht leicht für die Köche in der Hofburg und an den anderen Orten, wo sich Elisabeth gerade aufhielt, sich auf den augenblicklichen Geschmack der Kaiserin einzustellen. Auch in dieser Hinsicht war Sisi sprunghaft und niemand konnte vorhersagen, ob sie sich nun entschloss, zu essen oder zu fasten. Dabei war beinah eine Legion von Zulieferern nötig, damit die Köche möglichst rasch die Speisen herstellen konnten, die die Kaiserin zu sich nehmen wollte. Denn trotz ihres lebenslangen Fastens aß Elisabeth gerne gut, was man bei ihren Diätprogrammen nicht vermuten würde. Aber Sisi konnte, wenn sie in Stimmung war und mit den richtigen Leuten beisammen saß, erstaunlich viel essen.

Vor allem in Begleitung ihrer Reiterfreunde war die Kaiserin keine Kostverächterin. So berichtete ihre Nichte Marie Larisch, dass sie in England zusammen mit ihrem Reitinstruktor Bay Middleton mit großem Genuss dem Brathuhn, dem Italienischen Salat und dem später gereichten feinen Gebäck zusprach. Dazu ließ sie sich ihr Lieblingsgetränk Champagner reichen, der sie in eine ausgelassene Stimmung versetzte.

Auf ihren zahlreichen Wanderungen und Bergtouren verhielt sich die Kaiserin ebenfalls weitgehend normal, was das Essen anbelangte. So berichteten ihre Damen, dass sie in den Almhütten, die sie aufsuchte, mit sichtlichem Appetit Eierspeisen und Butterbrote und als Dessert Käse und Schmarren verzehrte. War die Kaiserin auf Reisen, so kehrte sie gelegentlich in den bekannten Konditoreien ein, wo sie sich Torten, Biskuit und vor allem Veilcheneis servieren ließ.

Nach diesen Schlemmereien befragte sie natürlich die Waage, sodass sie ihr Gewicht von 50 Kilogramm immer unter Kontrolle hatte. Und wehe, die Waage zeigte ein paar Deka zu viel. Dann war schlagartig Fasten angesagt!

Die Kaiserin machte, was das Essen oder Nichtessen anbelangte, jede Neuerung mit. Daher nahm sie auch das aktuelle Modegetränk, das aus Russland eingeführt worden war, dickflüssiges Kefir, in ihren Speiseplan auf, auf dem sich zeitweise außer Rind- oder Kalbfleisch weder Gemüse noch Obst befanden. Während Sisi scheinbar genüsslich ihren Kefir schlürfte, schüttelte ihr Gemahl mit einem lauten »Brrrr« nur den Kopf. Geschmäcker waren auch damals verschieden!

87. Litt Sisi an Essstörungen?

Aller Wahrscheinlich nach: Ja! Denn ihre Art zu essen und vor allem die Auswahl ihrer Speisen waren mehr als seltsam. Um ihre überschlanke Figur zu erhalten, verfiel die Kaiserin schon sehr bald auf merkwürdige Speisenkombinationen, die alle, die sie kannten, in Staunen versetzten. Hunger schien Elisabeth geradezu Lust zu bereiten, denn kaum ein Mensch kann von einigen Gläsern Milch, zwei Orangen und ausgepresstem Rind- oder Kalbfleischsaft, der eigens für die Kaiserin zubereitet wurde, satt werden. Von dem Fleisch-Spezialtrunk erwartete sich die Kaiserin viel, er sollte vor allem vorschnelles Altern verhindern. Das Getränk muss so grauslich gewesen sein, dass selbst Kaiser Franz Joseph, der sich im Allgemeinen kaum in die Essgewohnheiten seiner Gemahlin einmischte, es als abstoßend bezeichnete. Für diesen Saft mussten allerdings die besten Ochsen der Monarchie ihr Leben lassen, genauso wie auf den verschiedenen Reisen eigens ausgewählte Kühe und Ziegen mitgeführt wurden.

Denn schon sehr bald war Sisi zu einer begeisterten Milchtrinkerin geworden, wobei sie beim Geschmack der Milch ganz besonders heikel war. Die Tiere, die in kaiserlichen Diensten standen, waren aber keineswegs beneidenswert, denn sie wurden nicht nur mit der Eisenbahn transportiert, sondern auch auf Schiffe verladen. Dabei erwies sich so manches alpenländisches Rind als nicht allzu hochseetauglich, denn auch Kühe können bei entsprechendem Seegang seekrank werden. Beim Ritual des Milchtrinkens war es nur zu verständlich, dass man der Kaiserin die Milch nicht in irgendeinem Glas kredenzen durfte. Sie bevorzugte ein Gefäß mit schlichtem Facettenschliff, Goldrand und einem gewölbten Deckel. Nach dem Tod Elisabeths wurde dieses Trinkgefäß beinah zu einer Reliquie, denn kaum ein Gegenstand hatte für Sisi im Laufe ihres Lebens eine so große Bedeutung erlangt wie eben dieses Milchglas.

Je älter die Kaiserin wurde, desto dünner wurde sie. Auch die besorgten Ratschläge ihres Mannes verhallten ungehört. Sisi hatte ständig das Gefühl, zu dick zu sein. Kaum ein Arzt konnte die Kaiserin dazu bewegen, ihre Essgewohnheiten zu verändern. Selten, aber doch erlebten es die erstaunten Besucher, dass die Kaiserin völlig normal aß und trank, wobei sie Champagner bevorzugte. Vor allem im Kreis ihrer bayerischen Familie oder auch in England speiste Sisi mit großem Appetit, denn auf diesen Reisen, wo alles anders war als in der öden Hofburg in Wien, erlebte sie glückliche Zeiten.

88. Welche Krankheiten plagten Sisi?

Schon sehr früh begann die junge Kaiserin an allen möglichen Wehwehchen, aber auch an ernst zu nehmenden Krankheiten zu leiden. Dabei schien es ganz so, als wollte sie sich gegen die ungewohnten Anforderungen, die an sie als halbes Kind gestellt wurden, wehren. Es waren nicht nur die Verpflichtungen, die sie als Kaiserin wahrzunehmen hatte, es war vor allem der Schock, als sie erfuhr, dass ihr Ehemann sich da und dort mit anderen Damen vergnügte, was sie bewog, sich von Franz Joseph zurückzuziehen, indem sie einfach krank wurde. Aufgrund der psychischen Belastung reagierte ihr Körper auch physisch.

Musste sie in Wien sein, so vermied sie es, wo immer es möglich war, sich in der Öffentlichkeit zu zeigen, was ihr die Wiener äußerst übel nahmen.

Spätestens nach der Geburt ihrer drei älteren Kinder zog sich Elisabeth vollständig aus dem öffentlichen Leben zurück und verfiel in eine Art Resignation, die sich dadurch ausdrückte, dass sie nicht bereit war, selbst politisch wichtige Persönlichkeiten zu treffen, oder, wenn es nicht anders ging, kaum mit ihnen zu sprechen. Die psychoneurotischen Krankheiten Sisis begannen schon bald nach der Geburt ihrer älteren Kinder, Hustenanfälle plagten die junge Frau, die zugleich von Angstzuständen befallen war, wenn sie enge Treppen hinabsteigen musste.

Bald nach ihrem Aufenthalt auf der Blumeninsel Madeira stellte es sich heraus, dass Elisabeth nur dann halbwegs gesund war, wenn sie sich möglichst weit weg von Wien befand, obwohl sie überall Raubbau mit ihrer Gesundheit trieb. Sie bedachte dabei nicht, dass ein faltiges Gesicht jeden Menschen alt macht. Und Elisabeth war mit spätestens 50 eine alte Frau, die von rheumatischen Gelenks- und Ischiasschmerzen geplagt wurde, wozu noch die allgemeinen Abnutzungserscheinungen, die durch ihren übertriebenen Bewegungsdrang hervorgerufen worden waren, kamen. Da Elisabeth auch in fortgeschrittenem Alter nicht auf den Rat der Ärzte hörte und sich nach wie vor äußerst einseitig ernährte, stellten sich bei ihr starke Hautanschwellungen an den Knöcheln ein, die der zugezogene Arzt Dr. Eisenmenger als Hungerödeme konstatierte.

Da aufgrund des seltsamen Verhaltens der österreichischen Kaiserin auf ihren Reisen so manches böswillige Gerücht über ihren Geisteszustand kursierte, sah sich Kaiser Franz Joseph veranlasst, am 3. Juli 1898 eine amtliche Mitteilung veröffentlichen zu lassen, in der es hieß, dass Elisabeth an Nervenentzündung, Schlaflosigkeit, Anämie und einem bestimmten Grad von Herzerweiterung leide. In Bad Nauheim, wo die Kaiserin zur Kur weilte, wollten die Ärzte ein Röntgenbild von ihr machen, was sie mit der Begründung verweigerte, dass sie sich nicht bei lebendigem Leibe sezieren lassen wolle. Zwei Monate später war es dann so weit. Die tote Kaiserin wurde in Genf im Einverständnis mit Franz Joseph zwar nicht seziert, aber obduziert!

89. Wie kam Sisi mit dem Altern zurecht?

Die Frage ist beinahe müßig zu stellen, denn wenn eine Frau über viele Jahre hinweg als die schönste Frau Europas und vielleicht sogar der Welt galt, dann lässt es sich leicht denken, dass jede noch so unscheinbare Falte und jedes vorsichtig auftauchende graue Haar für Sisi zu einer kleinen Katastrophe werden musste. Vor allem, weil es in der damaligen Zeit außer ein paar Hausmitteln, von denen man annahm, dass sie den Alterungsprozess der Haut verlangsamen würden, keine kosmetischen Möglichkeiten gab, die Sisi hätte rechtzeitig anwenden können. Wahrscheinlich hätte sie oder der Kaiser Unsummen locker gemacht, um die Schönheitsoperationen zu bezahlen, die Sisi benötigt hätte, um ihr makelloses Aussehen bis ins hohe Alter zu erhalten. Aber die kosmetische Industrie lag noch nicht einmal in den Kinderschuhen, sodass die diversen Rezepte, auf die man vertraute, um dem Alter ein Schnippchen zu schlagen, eher nur durch Mundpropaganda weitergegeben wurden.

Sisi war noch keine 40, als sich sichtbare Zeichen des Alterns in ihrem schönen Gesicht bemerkbar machten – der Tribut für ihr unvernünftiges Fasten. Da halfen auch keine kalten Ganzkörperwickel, keine Kalbfleischmasken und keine Erdbeerpasten. Tiefe Runzeln gruben sich in ihr Gesicht, das dadurch jeglichen Zauber verlor.

Der Blick in den unbarmherzigen Spiegel wurde für Elisabeth zu einer einzigen Katastrophe. Ihre Nichte Marie Wallersee-Larisch berichtete über eine Aussage, die ihre Tante ihr gegenüber gemacht hatte: »Sobald ich mich altern fühle, ziehe ich mich ganz von der Welt zurück. Es gibt nichts Grauslicheres, als so nach und nach zur Mumie zu werden und nicht Abschied nehmen zu wollen vom Jungsein. Wenn man dann als geschminkte Larve herumlaufen muss – Pfui! Vielleicht werde ich später immer verschleiert gehen, und nicht einmal meine nächste Umgebung wird mein Gesicht mehr erblicken. Man muss immer zur rechten Zeit verschwinden können.«

Sisi verschwand zwar nicht von der Bildfläche, aber ihr Gesicht versteckte sie entweder hinter einem weißen oder schwarzen Sonnenschirm, meist aber hinter einem Lederfächer. So wandelte die hohe Dame nicht nur in Bad Kissingen, wo sie des Öfteren zur Trinkkur weilte, sondern so reiste sie ohne großes Aufsehen voller Unrast durch die Welt. Als sie sich nach dem Freitod ihres einzigen Sohnes nur mehr schwarz kleidete, nahm kaum jemand mehr Notiz von der einstmals so schönen Frau.

90. Wie wirkte die gealterte Sisi auf junge Menschen?

Diese Frage beantwortete der spätere Fürst Clary-Aldringen ganz konkret:

»Eines Tages wanderten meine ältere Schwester und ich allein in den Bergen … Da sahen wir schon von weitem die uns bekannte schlanke, in Schwarz gekleidete Gestalt (der Kaiserin) herankommen. Wir stellten uns neben den Weg und siehe da, weil kein Erwachsener in der Nähe war, öffnete die Kaiserin diesmal nicht ihren Fächer!

Meine Schwester machte einen Knicks und ich meinen schönsten Bückling (= Verbeugung); sie lächelte uns freundlich zu – aber ich war wie aus den Wolken gefallen, denn ich sah in ein uralt vorkommendes Gesicht voller Runzeln.«

Es war vor allem ihr völlig zerstörtes, ehemals schönes Gesicht, das Sisi kaum ertragen konnte und das zu tagelangen Depressionen führte. Aber nicht nur das Alter verlangte Tribut, sondern vor allem die Abnutzungserscheinungen, die der Kaiserin Tag und Nacht Schmerzen bereiteten. Besonders Ischiasprobleme, deren Ursachen die heutige Medizin sicherlich in überbeanspruchten Bandscheiben suchen würde, hatten dazu geführt, dass sie das Reiten einstellen musste – ein Entschluss, der ihr unendlich schwergefallen sein musste. Elisabeth war – und das wollte sie selbst am allerwenigsten wahrhaben – vor den Jahren gealtert. Die extreme körperliche Betätigung bei Wind und Wetter, die ständigen Fastenkuren, aber auch ihr Hang zur Melancholie hatten die einst so schöne Frau zu einem Schatten ihrer selbst werden lassen. Sie, die nur wohlgestaltete Menschen um sich ertragen konnte, litt am allermeisten unter dem Verlust der Schönheit.

Auch Kaiser Franz Joseph hatte nicht die ewige Jugend gepachtet, er war schwerhörig geworden, worauf seine Gemahlin ebenso wenig Rücksicht nahm wie auf andere Altersgewohnheiten, die der Kaiser angenommen hatte. Wenn Sisi, was nicht allzu oft vorkam, in Wien weilte und sich höchst selten herbeiließ, an der kaiserlichen Tafel Platz zu nehmen, sprach sie so leise und bewegte ihre Lippen kaum, sodass Franz Joseph beim besten Willen nicht wusste, wovon sie sprach. Da sie aber einmal Gesagtes nicht zu wiederholen bereit war, verstand der Kaiser nichts. Daher war es ein Glück, dass ab und zu Marie Valerie mit den Eltern zusammen speiste und als Dolmetscherin fungierte. Auf diese Weise war es für Franz Joseph möglich, wenigstens ein paar Worte mit seiner »Engels-Sisi« zu wechseln, die allerdings wenig Wert auf eine anregende Unterhaltung legte.

91. Wurde Sisi bewacht oder überwacht?

Für Sisi war es kein Glück, dass die Überwachungsmaschinerie für Prominente im 19. Jahrhundert zwar vorhanden war, aber lange noch nicht so ausgeklügelt wie in unseren Tagen funktionierte. Wahrscheinlich hätte man heute mit den modernen Überwachungsmethoden das Attentat auf sie in Genf verhindern können. Andererseits wären nur wenige ihrer Reisen möglich gewesen, hätte man die heutigen Sicherheitsmaßnahmen treffen wollen. Alle Detektive und Observierungsbeamten der Monarchie hätten allein für die Kaiserin aktiv sein müssen. Zwar trafen hin und wieder Berichte der Sicherheitsbeamten in Wien ein, die die Kaiserin zu schützen hatten, aber bei dem rastlosen Leben, das Sisi führte, war es mit den damaligen Methoden fast ein Ding der Unmöglichkeit, Elisabeth rund um die Uhr zu bewachen.

Vor allem in den nordafrikanischen Staaten sah man sich nicht in der Lage, mit dem Tempo, das die Kaiserin vorgab, Schritt zu halten. So schickte die ägyptische Regierung ein Bulletin nach Wien, in dem sie erklärte, dass es unmöglich wäre, die österreichische Kaiserin auf ihren Besichtigungstouren zu schützen. Dass sie damit Sisi nur entgegenkamen, wenngleich sie die Sorge des Kaisers um seine Frau vermehrten, konnten die Ägypter nicht wissen. Denn alles, was Elisabeth zu verhindern suchte, war, dass man ihr folgte. Sie wollte mit einer ihrer Hofdamen allein ihre Gewalttouren unternehmen und tun und lassen, was ihr beliebte. Die Spielregeln für ihre Unternehmungen stammten von ihr selbst, wobei sie auf die Sitten und Gebräuche der einzelnen Länder keinerlei Rücksicht nahm und daher manchmal von einem Fettnäpfchen ins andere schlitterte.

Keinem Überwachungsdienst wäre es möglich gewesen, die Kaiserin stets im Visier zu haben, wenn sie plötzlich in einem orientalischen Basar verschwand, wo sie völlig inkognito in den dargebotenen Waren wühlen und um die Preise feilschen konnte. Um auf alle Fälle möglichst unerkannt zu bleiben und jedes Aufsehen, das ihr Erscheinen erregt hätte, auszuschließen, reiste sie meist unter einem Pseudonym.

Seltsamerweise gelang es auch Kaiser Franz Joseph ab und zu, inkognito an die Riviera zu reisen, wo er zusammen mit seiner Gemahlin in Monte Carlo das Spielcasino aufsuchte. Beide freuten sich dann, wenn sie den Sicherheitsbeamten entkommen konnten, denn wenn schon nicht für die Kaiserin, aber für den Kaiser von Österreich gab es natürlich beinah überall besonderen Schutz.

92. Lebte Sisi in ständiger Gefahr?

Als Luigi Lucheni Elisabeth die präparierte Feile mitten ins Herz stach, fragten sich nicht nur die kaiserlichen Sicherheitsbeamten, wie eine derartige Tat geschehen konnte. War es nicht möglich gewesen, die Kaiserin von Österreich so zu schützen, dass ein derartiger Mord nicht passieren konnte?

Aber wahrscheinlich wäre es zu jeder Zeit unmöglich gewesen, Sisi, die sich an kein Reglement und keine wie immer gearteten Vorsichtsmaßnahmen hielt, rund um die Uhr zu bewachen. Die freiheitsliebende Kaiserin wollte tun und lassen, was ihr gefiel, sie kannte keine Furcht und bezahlte diese Unbekümmertheit mit dem Leben.

Denn schon Jahre vorher hatten Anarchisten immer wieder auf sich aufmerksam gemacht. Sisis Mörder Luigi Lucheni war kein Einzeltäter. In der zweiten Hälfte des 19. Jahrhunderts hatten sich in mehreren Ländern verschiedene Gruppen gebildet, die mit den Monarchien nicht mehr einverstanden waren und die Absicht zeigten, die Herrschenden in ganz Europa auszulöschen. Heute würde man diese Staatsfeinde als Terroristen bezeichnen.

Auch auf Kaiser Franz Joseph und Kronprinz Rudolf waren im Laufe der Jahre immer wieder Anschläge geplant gewesen und nur durch Zufall überlebte der Kaiser als junger Mann die Attacke eines Attentäters. Obwohl vonseiten der Sicherheitsbehörden immer wieder vor Anschlägen gewarnt wurde, weigerte sich vor allem Sisi, Vorsichtsmaßnahmen zu akzeptieren. Ihre Freiheit, die sie überall suchte, wäre in Gefahr gewesen, wenn sie ständig von Sicherheitsbeamten begleitet gewesen wäre. Ging sie auf Reisen, war sie meist mit kleinstem Gefolge und inkognito unterwegs. Sie sah sich als freier Mensch, der sich ohnedies nicht für Politik interessierte, sie empfand sich nicht als Symbol der herrschenden Klasse. Außer ab und zu repräsentieren zu müssen, hatte sie keine Aufgaben in der Monarchie.

Warum also sollte man ausgerechnet sie umbringen? Sie konnte nicht ahnen, dass sie eigentlich »stellvertretend« für den Herzog von Orléans sterben musste!

93. Woher wusste der Mörder Sisis von ihrer Anwesenheit in Genf?

Bis heute ist es für viele ein Rätsel, dass ausgerechnet die Kaiserin von Österreich einem Attentat zum Opfer fiel. War Sisi doch zum Zeitpunkt ihres Todes eine völlig bedeutungslose alte Frau, die sich weder um die Politik noch um die eigene Familie kümmerte. Ständig auf Reisen, ständig auf der Flucht vor sich selbst und ihrem Mythos, fand sie kaum mehr Beachtung in den internationalen Gazetten. Da sie meist unter dem Pseudonym einer Gräfin von Hohenembs reiste, konnte sie ungehindert und unerkannt ihre Reiseziele erreichen.

So auch in September 1898, als sie zunächst in Territet bei Montreux wohnte, von wo sie am 9. September die Baronin Julie Rothschild in Pregny besuchte. Auch bei diesem Ausflug reiste Elisabeth unter ihrem Pseudonym, denn nichts schien ihr unangenehmer zu sein, als als Kaiserin von Österreich hofiert zu werden. Elisabeth liebte die Schweiz ganz besonders, hier fühlte sie sich sichtlich wohl, obwohl sie es nicht gutheißen konnte, dass dieses europäische Land den internationalen Anarchisten immer wieder Asyl gewährte. Zu diesem Thema hatte sie in den 1880er-Jahren einige Verse verfasst, die man in ihrem Nachlass fand:

»Schweizer, Ihr Gebirg ist herrlich!
Ihre Uhren gehen gut;
Doch für uns höchst gefährlich
Ihre Königsmörderbrut.«

Als sie diese Zeilen zu Papier brachte, konnte sie nicht ahnen, dass sie in nicht allzu ferner Zukunft das prominenteste Opfer dieser Königsmörderbrut werden sollte.

Obwohl man sich vonseiten des Gefolges der Kaiserin intensiv bemüht hatte, keinen Hinweis über die Anwesenheit der hohen Dame in Genf an die Presse weiterzuleiten, passierte es durch eine Unaufmerksamkeit – oder war es aus Reklamegründen? –, dass bekannt wurde, die Kaiserin von Österreich sei im Hotel »Beau Rivage« in Genf abgestiegen – eine Mitteilung, die für Elisabeth den Tod bedeutete. Zwar konnte nicht genau eruiert werden, wann ihr Mörder Luigi Lucheni von der Anwesenheit der Kaiserin erfuhr, die Aussagen, die er nach seiner Festnahme machte, waren widersprüchlich. Da Lucheni aber ohnehin die Absicht gehabt hatte, einen Angehörigen des europäischen Hochadels umzubringen, hatte er sich auf alle Fälle ein Mordwerkzeug besorgt, eine speziell dreieckig geschliffene Feile, die in ihrer Länge so ausgewählt war, dass sie bis ins Herz des Opfers stechen konnte.

Luigi Lucheni hatte in seinem Mordplan zwei Männer im Visier: Prinz Henri von Orléans, der eine Reise nach Genf geplant hatte, und König Umberto von Italien. Da Lucheni aber über kein Geld verfügte, um nach Italien zu reisen, schien ihm der Thronprätendent von Frankreich das geeignete Opfer für seine Tat zu sein. Er hatte für dieses Attentat alles minutiös vorbereitet, als er erfuhr, dass der Herzog von Orléans nicht in Genf Quartier nehmen würde. Als der Anarchist daher die Meldungen aus der Zeitung las, dass die Kaiserin von Österreich in Genf anwesend war, wusste Lucheni sofort, wen er umbringen wollte. Denn die Opfer der Anarchisten waren stets Menschen, die prominent waren, in der Öffentlichkeit standen, vor allem aber aus dem Hochadel kamen. Denn nur durch diese spektakulären Attentate konnte diese Gruppe von Zerstörern auf sich aufmerksam machen. Man wollte die allgemeine Ordnung nicht nur stören, sondern Chaos in Europa herbeiführen. Die Anarchisten, deren Zentren in Russland und in Paris waren, versuchten auf brutale Weise die Welt zu verändern, hatten aber keine Vorstellungen, wie eine neue Weltordnung aussehen sollte.

Luigi Lucheni stach seine Feile einer alten, wehrlosen Frau mitten ins Herz. Elisabeth hatte nicht die geringste Chance, dieses Attentat zu überleben. Sie starb langsam und schmerzlos, während man den Mörder sofort festnehmen konnte, der sich mit seiner Tat lautstark brüstete. Er hatte eine europäische Sensation vollbracht: Nicht nur die Kaiserin von Österreich hatte er mitten ins Herz getroffen, sondern vor allem auch Kaiser Franz Joseph.

94. Wie kam Sisi ums Leben?

Der Mörder der Kaiserin von Österreich hatte ganze Arbeit geleistet. Mit der Feile, die er in akribischer Arbeit präpariert hatte, traf er Elisabeth mitten ins Herz.

Auf der Höhe des Hotels »Beau Rivage de la Paix« war plötzlich ein Mann aus dem Schatten der Bäume hervorgetreten und auf die beiden Damen, auf die Kaiserin und ihre Begleiterin, die Gräfin Sztáray, zugegangen, war dann unmittelbar vor Sisi stehen geblieben, hatte kurz ihren Sonnenschirm zur Seite geschoben und hatte der wehrlosen Frau einen Fausthieb versetzt, sodass sie wie vom Blitz getroffen zu Boden sank. Vergeblich hatte die völlig verblüffte Hofdame versucht, die Kaiserin aufzufangen, aber überraschend schnell war Sisi wieder auf den Beinen. Etwas verwirrt blickte sie in die Runde, griff nach ihrem Hut, den sie verloren hatte, ließ sich Schirm und Fächer überreichen und beruhigte die aufgeregte Gräfin Sztáray. Dann mahnte sie zur Eile, denn der lästige Zwischenfall sollte nicht dazu führen, dass sie womöglich das Schiff versäumten. Und so, als ob nichts geschehen wäre, ging sie leichten Schrittes weiter, nachdem sie noch die umstehenden Menschen, die den Zwischenfall beobachtet hatten, kurz gegrüßt hatte.

Der aufgeregte Portier des Hotels »Beau Rivage« war den Damen nachgeeilt und hatte beiden versichert, dass man den Missetäter schon gefasst hätte. Die Kaiserin hatte zeitlebens ein ausgezeichnetes Gehör und so war es für Irma Sztáray merkwürdig, dass sie die Worte des Portiers nicht verstanden hatte und nachfragen musste. Als aber die Hofdame in das kreidebleiche Gesicht der Kaiserin blickte, erschrak sie zu Tode. Entsetzt erkannte sie, dass es kein harmloser Stoß eines leicht verrückten Menschen gewesen war, der Elisabeth getroffen hatte.

Auf das Schiff war die Kaiserin noch elastischen Schrittes gegangen, aber als sie an der Reling ankam, bat sie mit beinah unhörbarer Stimme: »Jetzt Ihren Arm! Schnell bitte!«

Dann ging alles sehr rasch. Elisabeth fiel der Gräfin in die Arme und beide Damen glitten zu Boden, da die Hofdame nicht in der Lage war, die tödlich verwundete Kaiserin aufzufangen.

Matrosen kamen und brachten Wasser. Vorsichtig benetzte die Gräfin das Gesicht und die Schläfen der Kaiserin. Langsam kam Sisi wieder zu sich. Sie öffnete langsam die Augen, lag einige Minuten mit umherirrenden Blicken da, so als wollte sie sich erinnern, wo sie sich befand und was mit ihr geschehen war. Einige hilfreiche Menschen halfen ihr, sich aufzurichten. Nachdem die Kaiserin wieder das Bewusstsein erlangt hatte, zogen sich die Passagiere, die um sie standen, zurück, nur Irma Sztáray, Madame Dunelle, eine Klosterfrau und ein Lakai umstanden die Kaiserin und beobachteten sie. Es schien, als suche Elisabeth etwas, denn ihre Blicke schweiften über den Himmel, um dann auf ihrer treuen Hofdame hängen zu bleiben. Verwundert fragte sie Irma Sztáray: »Was ist denn jetzt mit mir geschehen?«

Das waren ihre letzten Worte, dann sank sie bewusstlos zurück.

Die verzweifelte Hofdame wusste momentan nicht, was sie als Erstes tun sollte. Sie beugte sich über die bewusstlose Kaiserin und öffnete, da sie einen Herzschlag vermutete, vorsichtig das Seidenjäckchen. Als sie die Bänder aufriss, entdeckte sie zu ihrem Entsetzen auf dem Batisthemd einen Blutfleck in der Größe eines Silberguldens. Jetzt war alles klar: Elisabeth war erstochen worden!

Auf der Stelle schickte die Gräfin nach dem Kapitän des Schiffes, um ihn über die Identität der hohen Frau aufzuklären. Unverzüglich ließ er das Schiff wenden und ankerte nach kurzer Zeit wieder in Genf.

Wie ein Lauffeuer hatte sich die Kunde von dem Attentat auf die österreichische Kaiserin in Genf verbreitet. Im Hotel »Beau Rivage« wurden alle Vorkehrungen zur Rettung Elisabeths getroffen. Dr. Golay, ein Arzt, der nebenan wohnte, war herbeigeeilt, um Erste Hilfe zu leisten. Bald darauf traf noch ein zweiter Mediziner ein, Professor Mayor.

Aber jede Hilfe kam zu spät, Elisabeth war rettungslos verloren.

Um 14.40 Uhr, eine Stunde nachdem sie die »Genève«, das Schiff auf dem Genfer See, betreten hatte, gaben die Ärzte den Tod Ihrer Majestät, der Kaiserin von Österreich und Königin von Ungarn bekannt.

95. In wessen Armen starb Sisi?

Es war Irma von Sztáray, die im Jahre 1894 die Nachfolge von Marie Festetics als Hofdame angetreten hatte. Sisi umgab sich schon längere Zeit nur mit ungarischen Hofdamen, mit denen sie immer und überall in ihrer Lieblingssprache Konversation machen konnte. Marie Festetics hatte die Kaiserin jahrelang auf ihren Reisen begleitet, quittierte aber dann den Dienst, der ihr zu anstrengend geworden war.

Irma Sztáray war mit 30 Jahren eine dynamische junge Frau, die durchaus imstande war, die ruhelose Kaiserin auf Schritt und Tritt zu begleiten.

Die am 10. Juli 1864 geborene Irma Sztáray von Sztára und Nagy-Mihály war Sisi von Anfang an sympathisch, denn die junge Frau erweckte den Eindruck, dass sie alle Strapazen, die an der Seite der Kaiserin auf sie zukommen würden, ohne

Schwierigkeiten meistern konnte. Außerdem entwickelte sich Irma zu einer begeisterten Briefschreiberin, was dazu führte, dass sie Sisi die lästige Pflicht, den Kaiser über ihre Aufenthaltsorte zu informieren, abnahm.

Unter den getreuen Hofdamen kam Irma Sztáray eine besondere, traurige Rolle zu: In ihren Armen starb die Kaiserin. Sie war es gewesen, die Sisi auf ihrer letzten Reise nach Genf begleitet, die Elisabeth noch vor dem Abmarsch zum Schiff ein Glas Milch gereicht hatte, sie war es, die die tödlich verletzte Kaiserin vom Boden aufhob, und sie war es, die Elisabeth das Mieder öffnete und die tödliche Verletzung erkannte. Sie war es, die den Kapitän informierte, sodass man die sterbende Sisi ins Hotel »Beau Rivage« zurückbrachte. Und Irma hatte die schreckliche Aufgabe, bei der Obduktion ihrer geliebten Kaiserin dabei sein zu müssen.

Der Kaiser belohnte die Gräfin nach ihrer Rückkehr nach Wien für ihre treuen Dienste um seine Gemahlin ganz besonders: Er küsste ihr nicht nur zweimal die Hand, die seiner geliebten »Engels-Sisi« die Augen für immer zugedrückt hatte, er verlieh ihr als Erster den neu gegründeten Elisabeth-Orden höchster Klasse mit dem Großkreuz.

Irma Sztáray zog sich nach dem Tod Elisabeths nach Ungarn zurück, wo sie ganz im Andenken ihrer Königin lebte. Sie schrieb ihre Erinnerungen nieder, die ein gutes Zeugnis von den späten Jahres Sisis geben, wenn auch in ihnen die große Verehrung und Liebe, die die Gräfin Elisabeth gegenüber zeitlebens empfunden hatte, manchmal beinah übertrieben erscheinen.

Irma Sztáray starb im Jahr 1940 mit 76 Jahren auf dem Familiensitz Szobrancz in Ungarn. 42 Jahre waren seit dem Attentat vergangen.

96. Wie nahm der Kaiser die Nachricht vom Tod Sisis auf?

Als die Ärzte in Genf den Tod der Kaiserin von Österreich festgestellt hatten, war es eine schwere Aufgabe, dem Kaiser in Wien diese schreckliche Botschaft zu übermitteln.

Man hatte vonseiten der Berner Gesandtschaft die Todesnachricht an den österreichisch-ungarischen Außenminister Graf Gołouchowski geschickt, der sich sogleich mit dem Grafen Paar in Verbindung setzte. Nachdem sich die beiden Herren vom ersten Schrecken erholt hatten, kamen sie überein, dass Graf Paar allein den Kaiser informieren sollte. Ein Gang, um den der Graf sicherlich nicht zu beneiden war! Zwar kannte man die Selbstdisziplin des Kaisers, aber vielleicht fürchtete Graf Paar gerade diese Eigenschaft, die übermenschliche Selbstbeherrschung, für die der Kaiser bekannt war.

Nachdem Franz Joseph die furchtbare Nachricht erfahren hatte, stützte er völlig in sich zusammengesunken minutenlang seinen Kopf in beide Hände. Plötzlich schien er die Anwesenheit des Grafen zu bemerken und sagte, beinahe zu sich selbst: »Mir bleibt doch gar nichts erspart auf dieser Welt!« Dann stand er langsam auf und mit unbewegtem Gesicht sagte er zu Paar: »Die Manöver sind nicht abzusagen. Der Beck (Generalstabschef, Anm. d. Verf.) soll sie leiten.«

Wie die »Neue Freie Presse« von Vertrauenspersonen erfahren haben wollte, erhob sich der Kaiser mühselig und begab sich mit unsicheren Schritten in seine Privatgemächer. Dort soll er stundenlang heftig geweint und den Namen der Kaiserin immer wieder gerufen haben.

Aber der schwerste Gang seines Lebens stand ihm noch bevor, als er seine geliebte Gemahlin in die Kapuzinergruft begleiten musste. Regungslos hielt er sich aufrecht, als die Sänger die düsteren Totenlieder und das »Libera« anstimmten. Die Mauer, die der Kaiser ein ganzes Leben lang um sich aufgebaut hatte, umgab ihn auch jetzt wie ein schützender Panzer. Wie sehr ihn der Tod seiner über alles geliebten Frau erschüttert hatte, das erahnten nur jene, die ihn wirklich kannten.

Als Franz Joseph an der Seite des deutschen Kaisers aus der Kapuzinergruft trat, war er beinahe am Ende seiner Beherrschung. In seinem versteinerten Gesicht konnte man lesen, dass der 17. September für ihn der schmerzlichste Tag seines Lebens war. Er hatte die Frau für immer verloren, die er vom ersten Augenblick an von ganzem Herzen geliebt hatte, nach der er sich gesehnt und um deren Gesundheit besorgt er schlaflose Nächte verbracht hatte und die er trotz allen Bemühens und aller Bitten nicht hatte halten können. Elisabeth, die jahrzehntelang ruhelos in der Welt umhergeirrt war, war auf diese schreckliche Weise für immer zu ihm nach Wien zurückgekehrt, in die Stadt, die sie ein Leben lang gemieden, ja vielleicht sogar gehasst hatte.

97. Wohin ging Sisis letzte Reise?

Immer wieder hatte die Kaiserin ihrer Familie gegenüber den Wunsch geäußert, nicht in der düsteren Kapuzinergruft beigesetzt zu werden, an einem Ort, wo die habsburgische Geschichte, zu der sie ein Leben lang keinen Zugang gehabt hatte, auf makabre Art lebendig wurde. Sisis Vorstellung war, dass ihr Leichnam irgendwo, an einem schönen, lichtdurchfluteten Ort die letzte Ruhe in den Wellen des Meeres finden sollte. So konnte sie, wie sie glaubte, endlich die lang ersehnte Freiheit finden.

Aber all dies blieb Illusion, denn Franz Joseph konnte sich nicht entschließen, über die Schatten der Tradition zu springen, um den letzten Wunsch Elisabeths zu erfüllen. Die Kaiserin wurde nach der langwierigen Obduktion in Genf in einen Sarg gelegt, der zwei Türen und zwei Fenster besaß, und auf die lange dauernde Reise nach Wien geschickt. Denn in allen Orten, die der Zug passierte, standen Hunderte Menschen, die der toten Kaiserin einen letzten Gruß winkten. Hatte man auch die schon seit Jahren unscheinbare Frau, die seit dem Tod ihres Sohnes nur schwarz gekleidet war, kaum irgendwo wahrgenommen, so ging die Fama ihrer Ermordung nicht nur durch die Gazetten von ganz Europa. Auch die einfache Bevölkerung war über die abscheuliche Tat an einer alten Frau entsetzt. Die Anarchisten freilich stellten Lucheni wie einen Helden dar, schickten ihm ins Gefängnis Glückwunsch- und Bewunderungsschreiben, wobei allerdings auch aus den Reihen der Gesinnungsgenossen dahingehend Stimmen laut wurden, dass ein Mord an einer wehrlosen Frau keineswegs von übertriebenem Mut zeugte.

Man hatte die Kaiserin vor ihrer letzten Reise in Genf einbalsamiert, so wie es der Sitte im Hause Habsburg entsprach. Deshalb war es dem Vorleser Sisis Frederic Barker möglich, einen letzten Blick auf die Kaiserin zu werfen. Er schilderte ihren Anblick mit folgenden Worten:

»Sie sieht aus wie eine Frau mit dreißig Jahren. Weiß wie Marmor ist die vom Tode geglättete Haut, leichte Röthe überzieht die Wangen, ein Lächeln umspielt ihr Lippen, so fein, so anmuthig, wie es im Leben gewesen …« Erst fünf Tage nach ihrer Ermordung traf der Leichnam der Kaiserin in Wien zu nächtlicher Stunde ein. Die kaiserliche Familie war zum Empfang der toten Sisi nicht am Bahnhof erschienen, nur der Burgpfarrer sprach die ersten Worte der Einsegnung, bevor der Sarg von acht auserwählten Männern in die pompöse Kalesche gehoben wurde. Tausende waren gekommen, um von der Frau Abschied zu nehmen, die ihnen im Leben nichts bedeutet hatte. Sisi wäre erstaunt gewesen, hätte sie die Tränen in den Augen der Wiener gesehen!

98. War Sisi eine Frau von morgen in der Welt von gestern?

Die Kaiserin von Österreich hätte es in der Hand gehabt, die Rolle der Frau in ihrer Zeit vollständig zu verändern. Denn sie stellte sich gegen alles Herkömmliche, vor allem gegen die Unterwürfigkeit und Abhängigkeit von einem Ehemann. Sie hätte als Kaiserin von Österreich den Frauen einen neuen Weg aufzeigen können, der viele in die Selbstständigkeit und Unabhängigkeit geführt hätte. Wäre Elisabeth nicht beinah ungesehen von der übrigen Welt durchs Leben gegangen, so hätte sie mit ihren für die damaligen Begriffe modernen Ideen Schule machen können. Vieles, womit sie sich ein Leben lang beschäftigte, war revolutionär. Sie lehnte sich gegen fast alles auf, was man ihr vorschreiben wollte, und lebte ihr Leben nach der eigenen Fasson, wobei sie allerdings einen Ehemann besaß, der sie bis an ihr Lebensende so sehr liebte, dass er ihre Eskapaden akzeptierte und finanzierte. Es war nur schade, dass Sisi ihre modernen Ideen nicht der Allgemeinheit zukommen ließ, dass beinah niemand von ihren Turngeräten wusste, an denen sie tagtäglich ihren Körper trainierte, dass man kaum ihre weiten Wanderungen bemerkte, die natürlich, wie das meiste in ihrem Leben, übertrieben waren, die aber – mit Maß und Ziel unternommen – auch Nachahmerinnen hätten finden können. Dabei wäre es allerdings notwendig gewesen, dass die üppigen Damen sich weniger eng ins Korsett schnürten, um mehr Bewegung machen zu können, wenngleich auch die überschlanke Kaiserin nicht aufs Korsett verzichtete.

Emanzipiert, wie Sisi war, ging sie allein auf Reisen, ohne ihren Ehemann, was im 19. Jahrhundert als Sensation bezeichnet werden musste. Dabei ließ sie es sich nicht nehmen, Dinge zu besichtigen, die der Damenwelt bisher verborgen waren. Sie nahm sich dabei kein Blatt vor den Mund, wenn es galt, Kritik am Verhalten anderer zu üben, und dabei Worte zu gebrauchen, die keine vornehme Dame der Gesellschaft über die Lippen gebracht hätte. Genauso wenig kümmerten sie die entrüsteten Blicke ihrer Zeitgenossen, wenn sie in der offenen Kutsche rauchte – für viele ein Skandal!

Dass die Kaiserin größten Wert auf Hygiene legte, vermutete so mancher, genau war allerdings nur ihre engste Umgebung eingeweiht, dass Sisi nicht nur in der Hofburg eine Badewanne hatte aufstellen lassen, sondern dass eine Gummibadewanne überall dorthin mitgeführt wurde, wo sie vorübergehend zu wohnen gedachte. Die Kaiserin von Österreich hätte das Leben der Damen im 19. Jahrhundert revolutionieren können. Aber sie zog es vor, nur für sich selbst den Fortschritt zu suchen.

99. Warum konnte Sisi nicht glücklich werden?

Als Elisabeth am Heiligen Abend des Jahres 1837 in der Wiege lag und man bei dem neugeborenen Kind einen Glückszahn im Mund entdeckte, glaubte man mit Sicherheit prophezeien zu können, dass dieses Kind vom Schicksal ganz besonders bevorzugt werden würde. Niemand konnte ahnen, dass diese Frau einmal ruhelos in der Welt umherziehen würde, immer auf der Suche nach Glück.

Dabei hätte sie die besten Voraussetzungen gehabt, ein zufriedenes Leben zu führen. Nicht allen Mädchen aus adeligen Kreisen war es vergönnt, eine unbeschwerte Jugend verbringen zu können, wie dies für Sisi in Possenhofen möglich gewesen war. Dazu kam, dass ausgerechnet der begehrteste Junggeselle seiner Zeit, der attraktive und charmante Kaiser von Österreich, um ihre Hand anhielt, der Elisabeth ein Leben lang liebte. Freilich war die Veränderung in ihrem Leben, als sie mit 16 Jahren an den Wiener Hof kam, gravierend für Sisi, aber viele Prinzessinnen vor ihr hatten ein ähnliches Schicksal erlebt, ohne dadurch in Trübsal zu verfallen.

Was waren die Gründe für Sisis ununterbrochene Unzufriedenheit, die sich schon bald nach ihrer Eheschließung bemerkbar machte? War es die Enttäuschung, dass sie ihre Kinder nicht selbst erziehen durfte, oder war es die Angst vor ständigen Schwangerschaften? Das frustrierende Leben am Wiener Kaiserhof konnte nicht ausschließlich der Grund sein, dass sie sich gleichsam in die Krankheit flüchtete, nur um Wien den Rücken kehren zu können. Wahrscheinlich fehlten ihr wirkliche Aufgaben, die sie als Kaiserin hätte wahrnehmen müssen, die sie davor bewahrt hätten, jahrzehntelang ein ruheloses Wanderleben zu führen. In ihrer eigenen Familie fand sie keinen Rückhalt, sie fühlte sich von ihrem rücksichtsvollen Ehemann unverstanden und war für ihre älteren Kinder Gisela und Rudolf beinah wie eine Fremde, einzig und allein in ihrer Possenhofener Familie fühlte sie sich wohl.

Die Kaiserin suchte mit allen Mitteln die Freiheit, die sie bis zu einem gewissen Grad dadurch erlangte, dass Kaiser Franz Joseph alles finanzierte, was ihr Herz begehrte, da er immer hoffte, dass seine »Engels-Sisi«, wie der Kaiser sie in seinen zahlreichen Briefen liebevoll nannte, vielleicht doch noch einmal zu ihm zurückkehren werde. Aber sein und Sisis Glück konnte auch er nicht kaufen, er fand es manchmal durch ein Schreiben seiner fernen Frau. Sisi allerdings vermisste es ein Leben lang.

Auswahlbibliografie

Amtmann, Karin: Elisabeth von Österreich. Die politischen Geschäfte der Kaiserin, Regensburg 1998

Andics, Hellmut: Die Frauen der Habsburger, Wien/München/Zürich 1969

Bankl, Hans: Woran sie wirklich starben, Wien/München/Bern 1989

Bokelberg, Werner: Sisis Schönheitsalbum, Dortmund 1980

Christomanos, Constantin: Tagebuchblätter, Wien 1899

Corti, Egon Caesar Conte: Elisabeth – Die seltsame Frau, Wien/Darmstadt/Berlin 1934

Denet-Sinsirt, Marie-Thérèse: Sissi à Sassetot-le-Mauconduit, o. O. 1996

Görlitz, Walter: Franz Joseph und Elisabeth – Die Tragik einer Fürstenehe, Stuttgart 1938

Größing, Sigrid-Maria: Amor im Hause Habsburg, Wien 1990

Dies.: Starke Frauen – Schwache Männer, Wien 1994

Dies.: Kaiserin Elisabeth und ihre Männer, Wien 1998

Dies.: Sisi und ihre Familie, Wien 2005

Dies.: Sisi eine moderne Frau, Wien 2007

Dies.: Elisabeth – Kaiserin aus dem Hause Wittelsbach, Wien 2013

Hamann, Brigitte: Elisabeth – Kaiserin wider Willen, Wien 1982

Dies. (Hg.): Die Habsburger – Ein biographisches Lexikon, Wien 1988

Dies.: Kaiserin Elisabeth – Das poetische Tagebuch, Wien 1997

Haslip, Joan: Elisabeth von Österreich, München 1964

Herre, Franz: Kaiser Franz Joseph von Österreich, Köln 1978

Hofmann, Christina: Das Spanische Hofzeremoniell von 1500–1700, Frankfurt a. M./Bern/New York 1985

Holler, Gerd: Sophie – Die heimliche Kaiserin, Wien 1993

Kill, Heike Susanne: Die Gedichte der Kaiserin Elisabeth von Österreich in der Tradition Heinrich Heines, Kassel 1995

Knobloch, Hans: Deine Schrift – dein Charakter, Stuttgart 1953

Kugler, Georg: Franz Joseph und Elisabeth, Florenz 1994

Lindinger, Michaela: »Mein Herz ist aus Stein«. Die dunkle Seite der Kaiserin, Wien 2013

Matray, Maria/Krüger, Answald: Das Attentat. Der Tod der Kaiserin Elisabeth in Genf, Frankfurt a. M./Berlin 1991
Nostitz-Rieneck, Georg (Hg.): Briefe Kaiser Franz Josephs an Kaiserin Elisabeth, 2 Bde., Wien/München 1966
Praschl-Bichler, Gabriele/Cachée, Josef: »... von dem müden Haupte nehm' die Krone ich herab« – Kaiserin Elisabeth privat, Wien 1995
Praschl-Bichler, Gabriele: Kaiserin Elisabeth – Mythos und Wahrheit, Wien 1996
Dies.: Kaiserin Elisabeths Fitness- und Diätprogramm, Wien/München 2002
Dies.: Unsere liebe Sisi. Die Wahrheit über Erzherzogin Sophie und Kaiserin Elisabeth, Wien 2008
Redlich, Joseph: Kaiser Franz Joseph von Österreich, Berlin 1928
Reger, Karl Heinz: Bayerns verkaufte Prinzessinnen, Pfaffenhofen 1988
Saathen, Friedrich (Hg.): Anna Nahowski und Kaiser Franz Joseph, Wien/Köln/Graz 1986
Schad, Martha: Kaiserin Elisabeth und ihre Töchter, München 1997
Schad, Martha und Horst: Marie Valerie – Das Tagebuch der Lieblingstochter von Kaiserin Elisabeth von Österreich, München 1998
Schürer, Franz (Hg.): Briefe Kaiser Franz Josephs an seine Mutter, München 1930
Simanyi, Tibor: Julius Graf Andrássy, Wien 1990
Stadtlaender, Chris: Sisi. Die geheimen Schönheitsrezepte der Kaiserin und des Hofes, München 1996
Tesnolidek, Elfriede: Die Kaiserin und der Sport, o. O. o. J.
Unterreiner, Katrin: Sisi – Mythos und Wahrheit, Wien 2005
Vocelka, Karl/Heller, Lynne: Die private Welt der Habsburger, Graz/Wien/Köln 1998
Wallersee, Marie Freiin von: Kaiserin Elisabeth und ich, Leipzig o. J.
Welcome, John: Die Kaiserin hinter der Meute – Elisabeth von Österreich und Bay Middleton, Wien 1975
Zavadil, Sophie: Sissi auf Reisen, München 1998